南京统计年鉴

NANJING STATISTICAL YEARBOOK

2021

南　京　市　统　计　局
国家统计局南京调查队　编

图书在版编目（C I P）数据

南京统计年鉴. 2021 = Nanjing Statistical Yearbook 2021 / 南京市统计局, 国家统计局南京调查队编. -- 北京 : 中国统计出版社, 2021.9
ISBN 978-7-5037-9617-3

Ⅰ. ①南… Ⅱ. ①南… ②国… Ⅲ. ①统计资料—南京—2021—年鉴 Ⅳ. ①C832.531-54

中国版本图书馆 CIP 数据核字(2021)第 164282 号

南京统计年鉴—2021

作　　者	南京市统计局　国家统计局南京调查队
责任编辑	钟钰
装帧设计	周荣美
出版发行	中国统计出版社有限公司
地　　址	北京市丰台区西三环南路甲 6 号
邮政编码	100073
电　　话	邮购（010）63376909　书店（010）68783171
网　　址	http://www.zgtjcbs.com
印　　刷	南京茂华彩色印务有限公司
经　　销	新华书店
开　　本	890mm×1240mm　1/16
字　　数	670 千字
印　　张	26
版　　别	2021 年 9 月第 1 版
版　　次	2021 年 9 月第 1 次印刷
定　　价	380.00 元

如有印装差错，由本社发行部调换。

编委会和编辑人员

编辑委员会

主　任：王国钧　王国平　张晓卫　刘光平

副主任：仲玉琪　陈锡文　方爱军　史　明　杨晓燕　梅惠敏
　　　　刘延胜　汪　萌　张小良　洪　平　陈千茂　张新纪
　　　　罗　文　刘兴业　陈幼英　郑　菲　陈卫华　顾国祥

编　委：（按姓氏笔画为序）
　　　　马　丽　王　科　刘　宏　刘　波　刘文勇　刘冰冰
　　　　刘安平　汤　健　杜凌飞　杨　璇　张苏滨　张晓燕
　　　　陈　娴　陈美华　赵　妮　查莉华　洪凌云　骆立宇
　　　　徐年舫　郭家欣　唐　昆　唐　俊　蒋宗跃　韩厚盾
　　　　戴苏林　魏　炜

编辑部

主　　编：王国平

副 主 编：仲玉琪

执行编辑：李　昂　夏　俊

编　　辑：杜凌飞　常晓军　沈爱民　程　雨　张妍妮

资料提供人员：（按姓氏笔画为序）
　　　　卜成君　王淳宇　毛　森　叶　韬　冯　波　毕发萍
　　　　朱　真　朱国梁　朱塞罗那　刘婷婷　江　滢　李　园
　　　　李丹丹　何　政　何仰顺　何全方　张　倩　张孝伟
　　　　张莉萍　陈明星　周经学　周雪菲　居军荣　查　雯
　　　　俞　润　姚　彤　耿延武　夏　婕　夏恒岗　龚　锐
　　　　章　瑜　韩露熳　喻冰洁　翟纪峰　戴秀艳　魏　强

编 者 说 明

一、《南京统计年鉴—2021》以大量的统计数据，全面、系统地反映了2020年南京经济和社会等各方面的发展情况，是一本数据信息密集、内容广泛的资料性工具书。

二、全书内容分为17个篇目，即：1．综合；2．国民经济核算；3．人口和就业；4．人民生活；5.价格指数；6．农业；7．工业和能源；8．交通运输和邮电通讯业；9．固定资产投资和建筑业；10．批发和零售业、住宿和餐饮业；11．对外经济贸易和旅游业；12．财政、金融和保险；13．科技和教育；14.文化、卫生和体育；15．司法、社会福利与其他社会活动；16．城市建设与环境保护；17．分区社会经济。为便于读者正确地使用资料，各篇目还附有主要统计指标解释。

三、本年鉴国民经济行业分类启用新标准（GB/T 4754-2011）。

四、本年鉴部分统计数据来源于有关主管部门，对此我们分别予以注明。如使用者在使用该资料时认为有必要，可与该部门直接联系。

除部门统计数据外，本年鉴的统计资料，由南京市统计局、国家统计局南京调查队依法通过统计调查，汇总、加工取得，并对统计资料的质量负责。请使用者客观、科学、合理的依法使用，对使用本年鉴统计数据所产生的法律争议由使用者自行解决。

五、本年鉴部分数据合计数或相对数由于单位取舍不同产生的计算误差均未作机械调整。

六、读者在使用统计资料时，凡与本年鉴有出入的，均以本年鉴为准。

七、本年鉴中符号使用说明：“一”或“空格”表示数据不详或无该项数据；

“#”表示其中的主要项；

“★”表示另有注解。

八、《南京统计年鉴》公开出版以来，受到社会各界的关注和支持，对年鉴的内容和编辑工作提出了许多宝贵的意见，对此，我们深表谢意。欢迎读者继续对年鉴的不足之处给予批评指正，帮助我们进一步提高编辑水平，以期更好地为广大读者服务。

《南京统计年鉴》编辑部

2021年8月

南京市户籍人口总数示意图

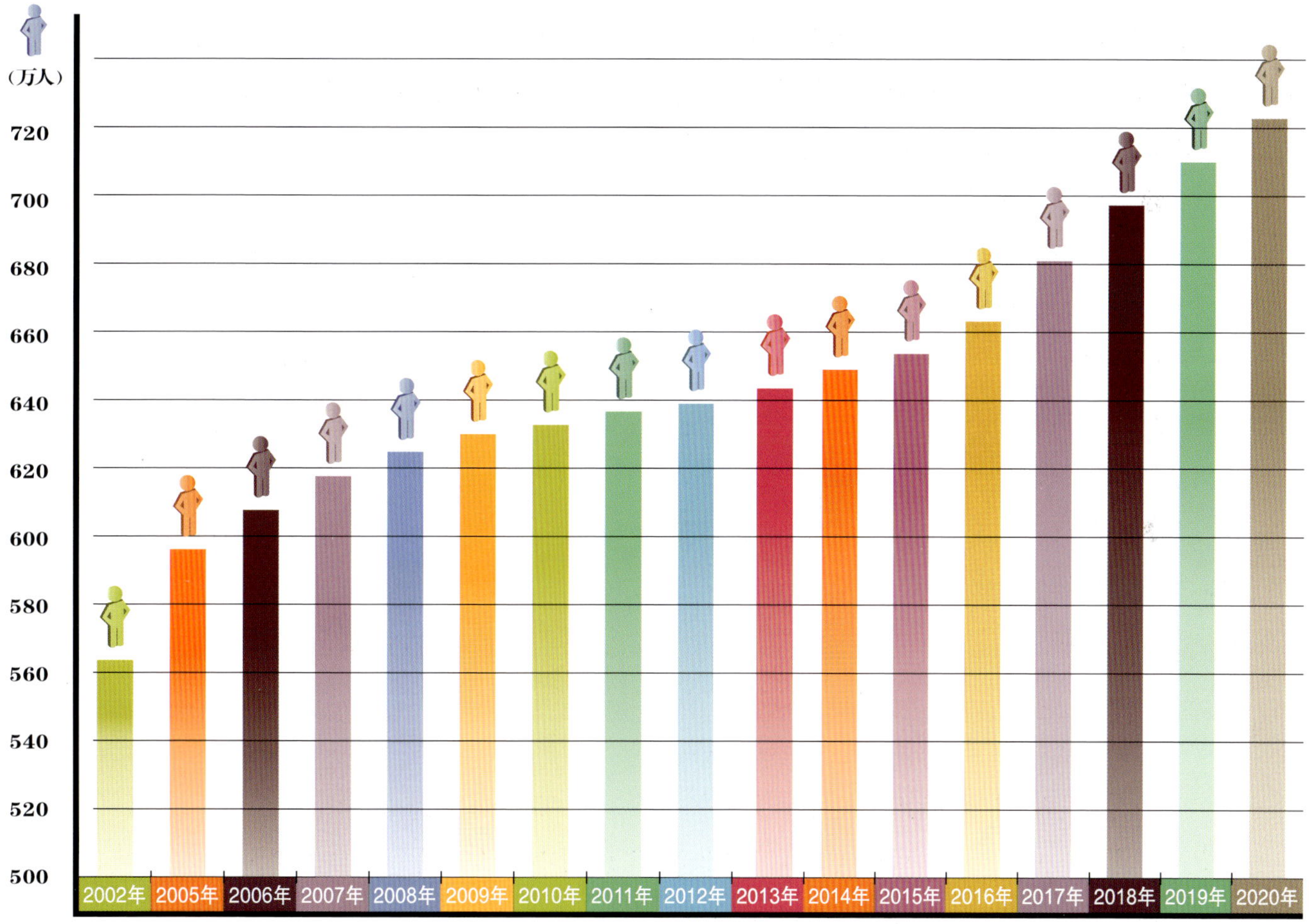

（万人）

720
700
680
660
640
620
600
580
560
540
520
500

2002年 2005年 2006年 2007年 2008年 2009年 2010年 2011年 2012年 2013年 2014年 2015年 2016年 2017年 2018年 2019年 2020年

南京市地区生产总值示意图

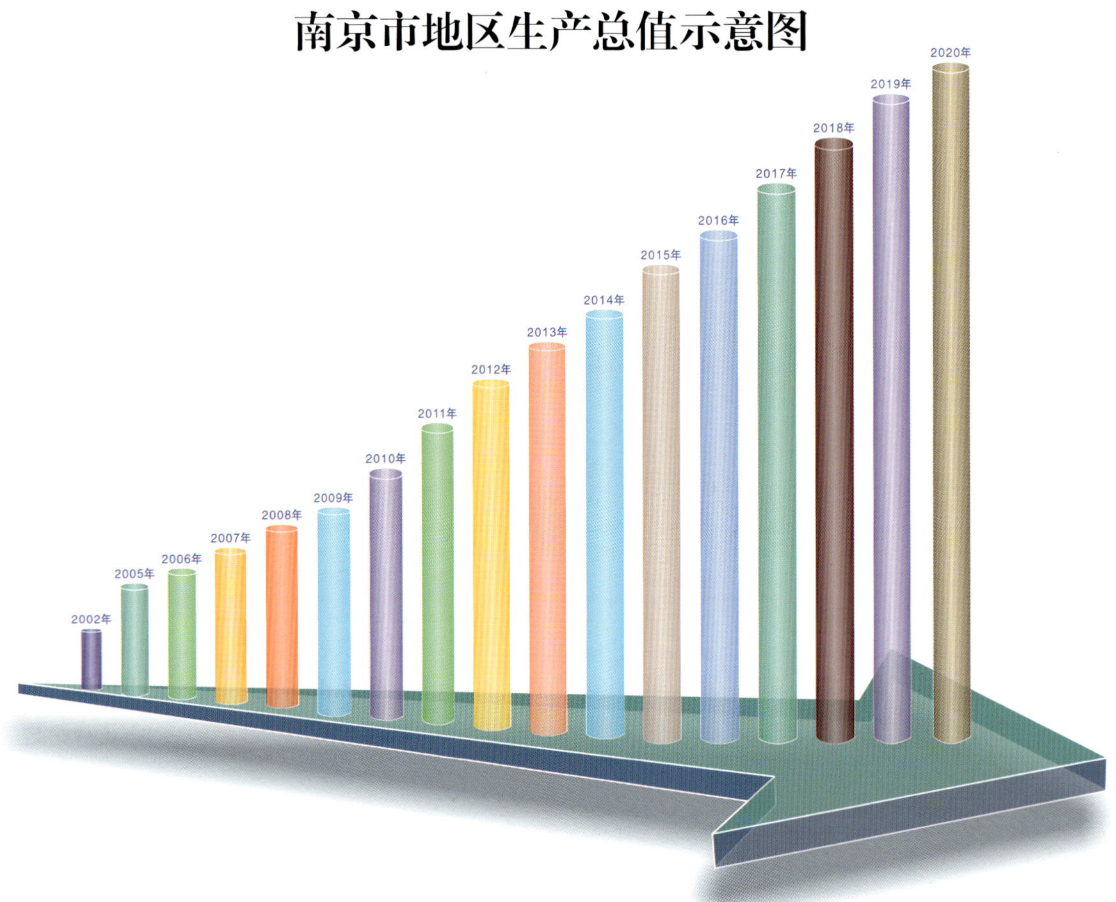

南京市人均地区生产总值（按常住人口计算）示意图

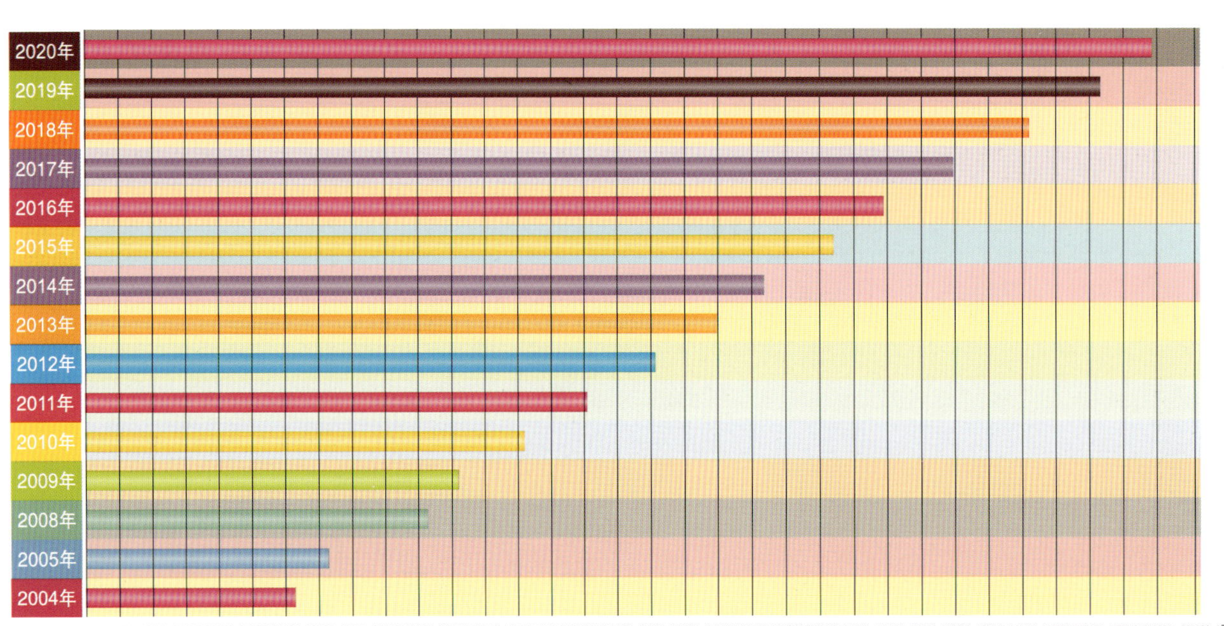

南京市第三产业占地区生产总值比重示意图

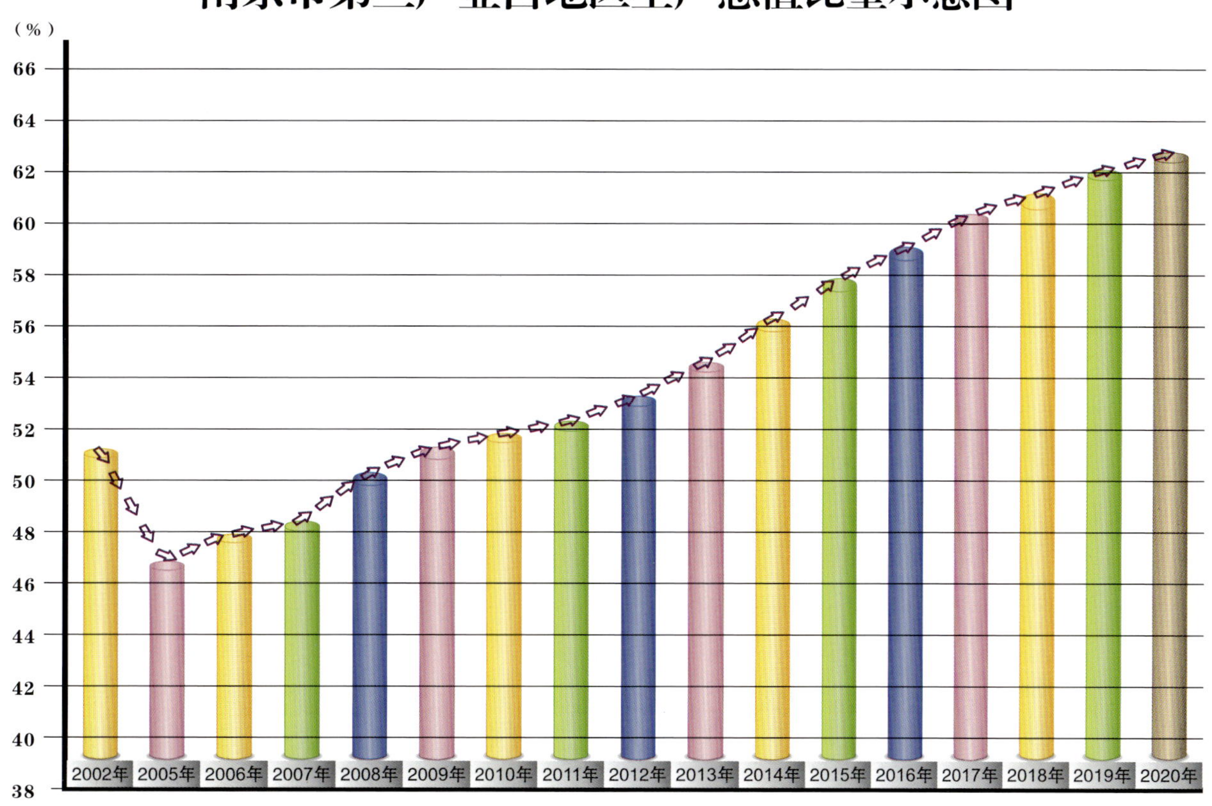

南京市财政收入示意图

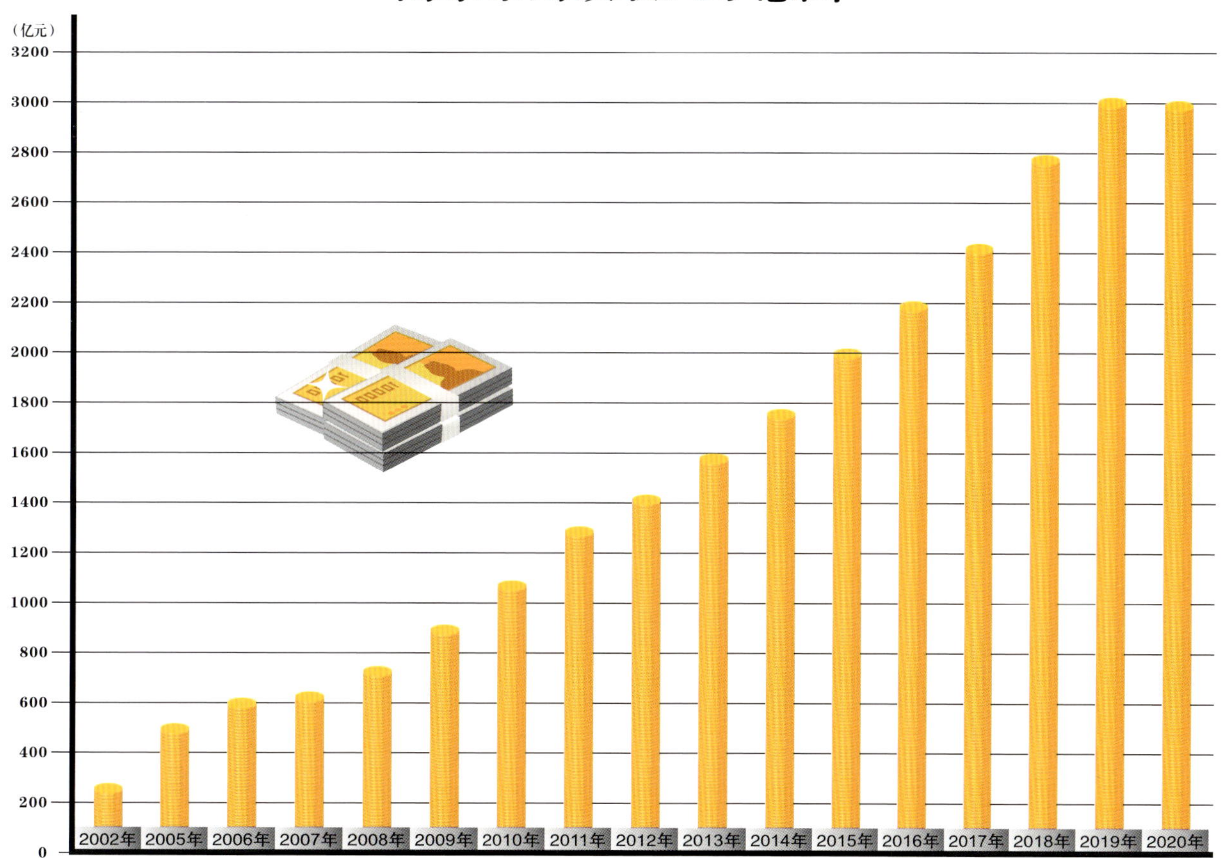

南京市社会消费品零售总额示意图

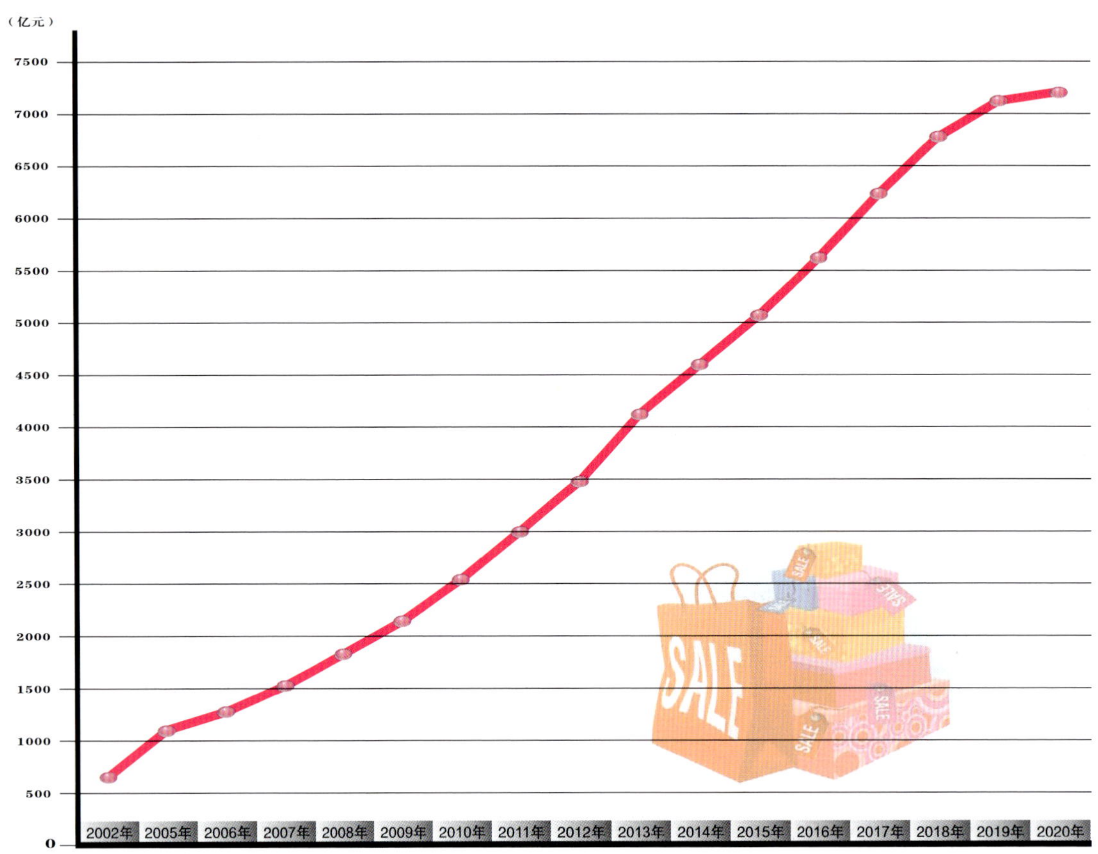

南京市外贸出口总额示意图

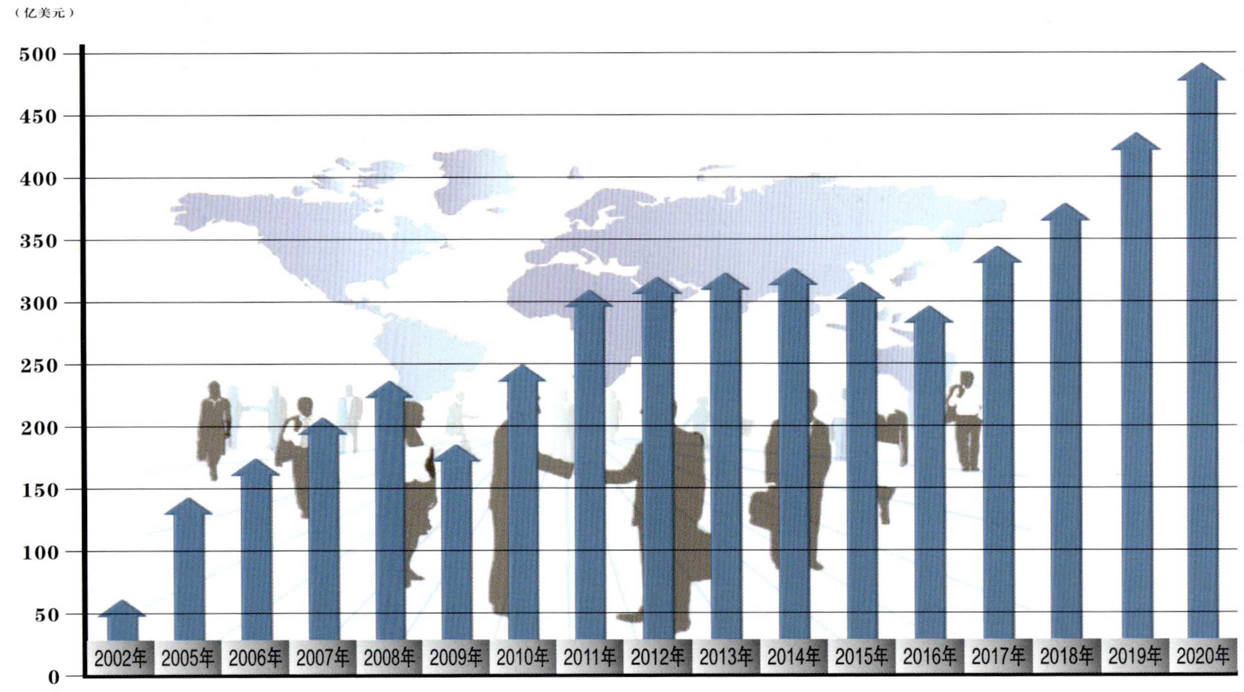

南京市规模以上工业企业主营业务收入示意图

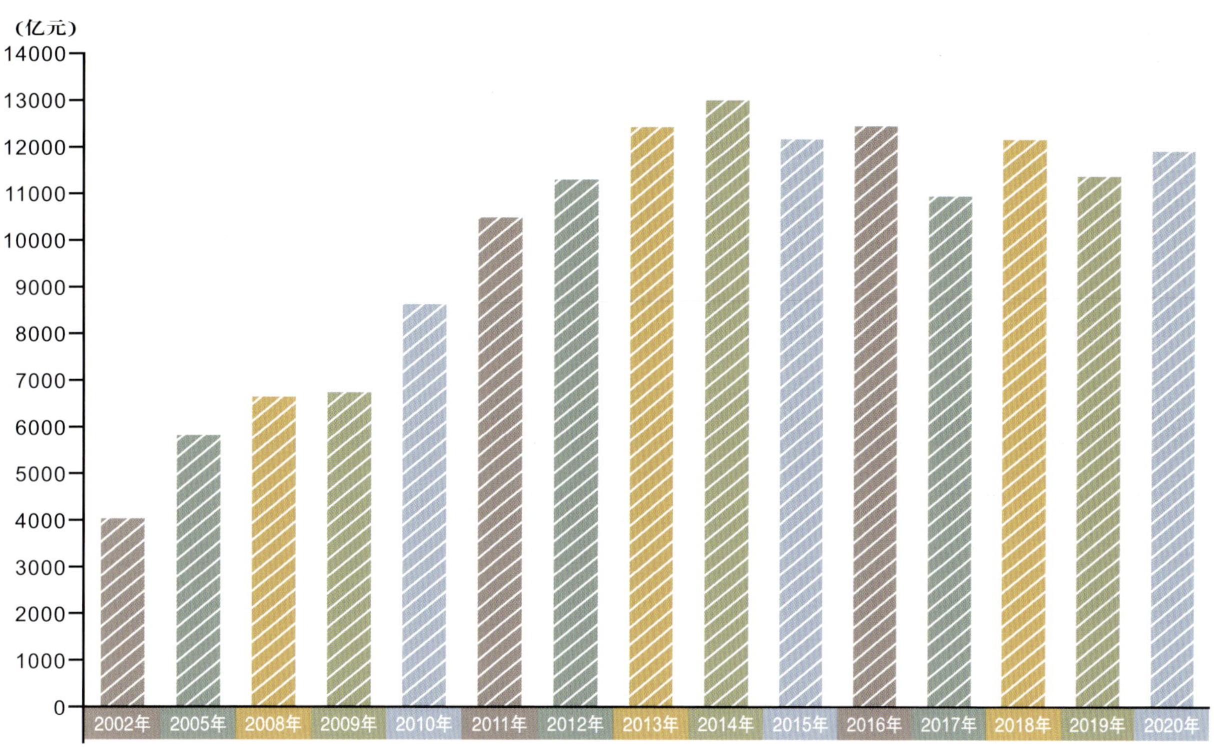

南京市规模以上工业企业利税总额示意图

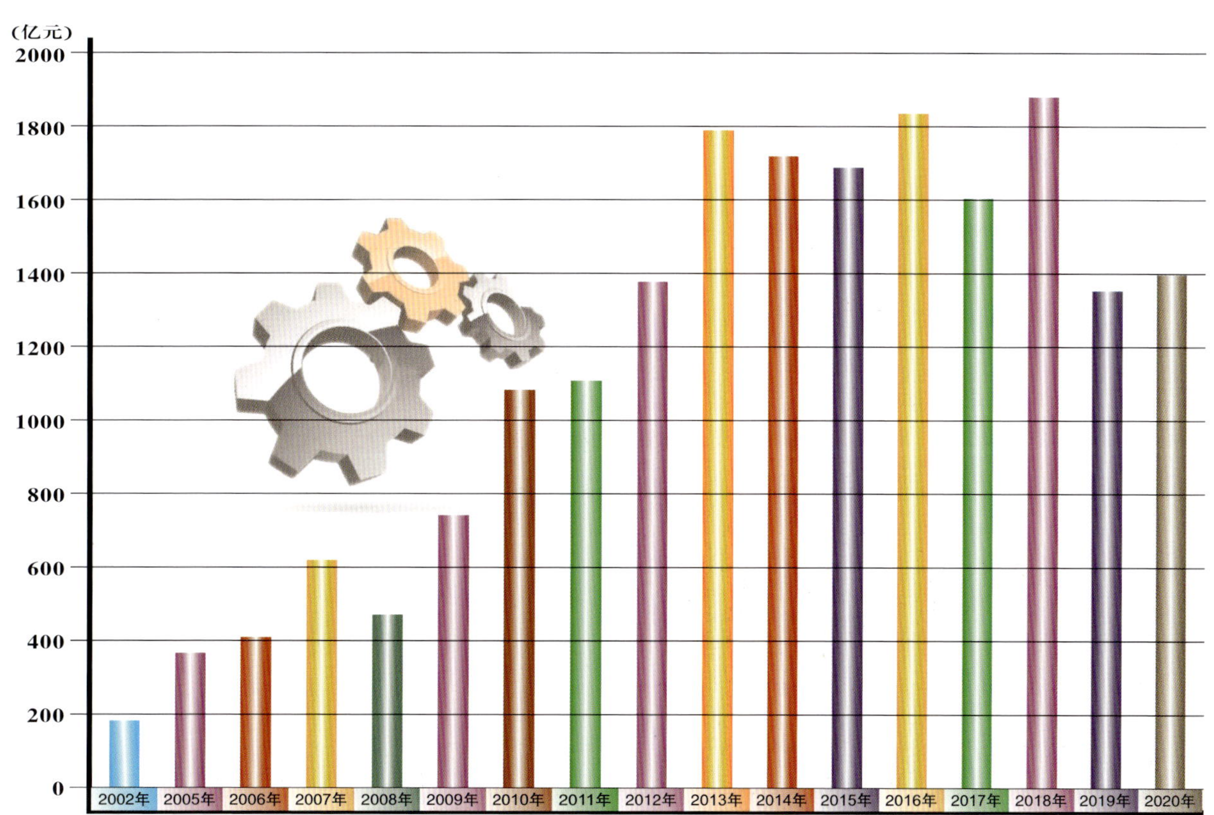

南京市农林牧渔总产值（现价）示意图

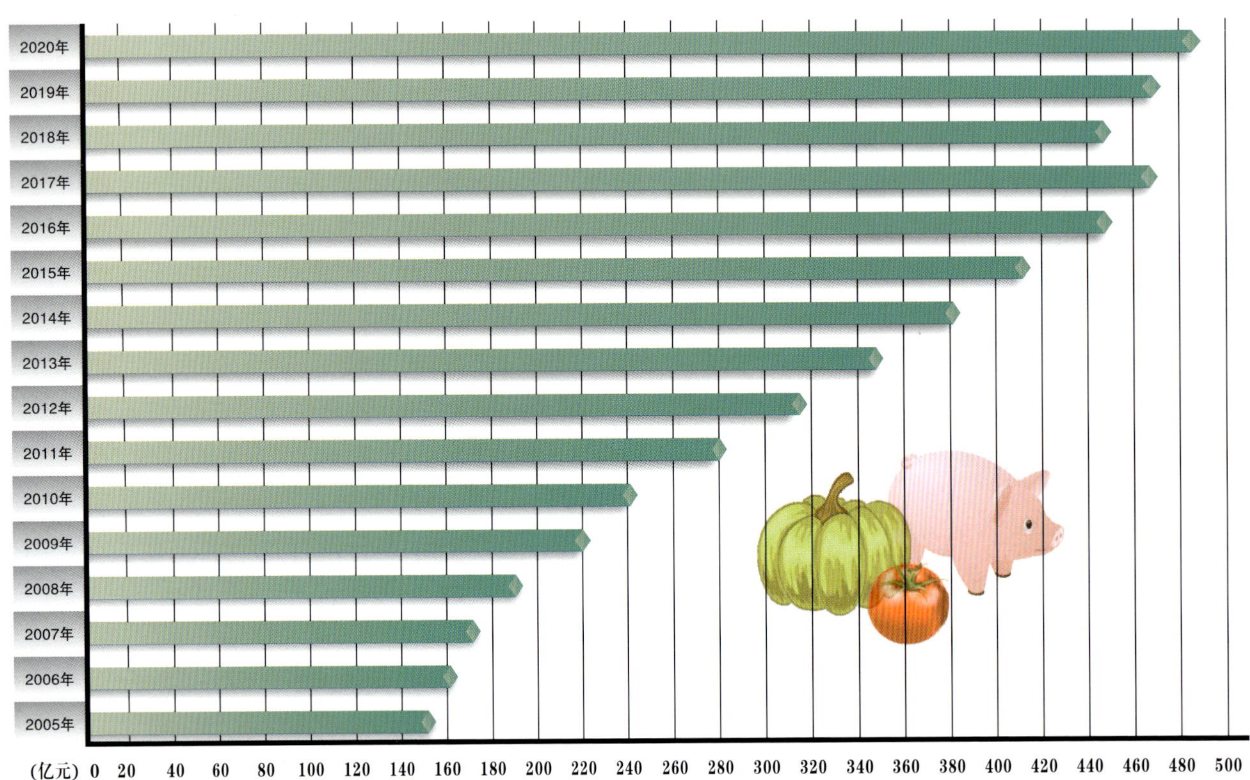

南京市人均公园绿地面积示意图

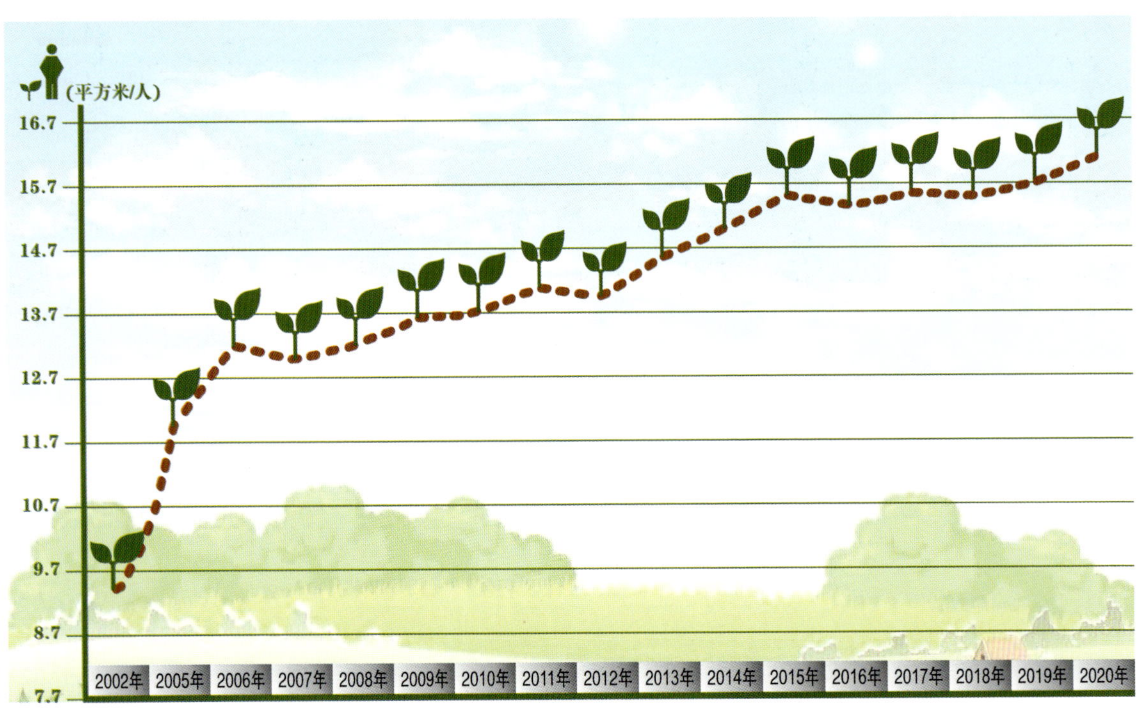

南京市普通高校在校学生人数示意图

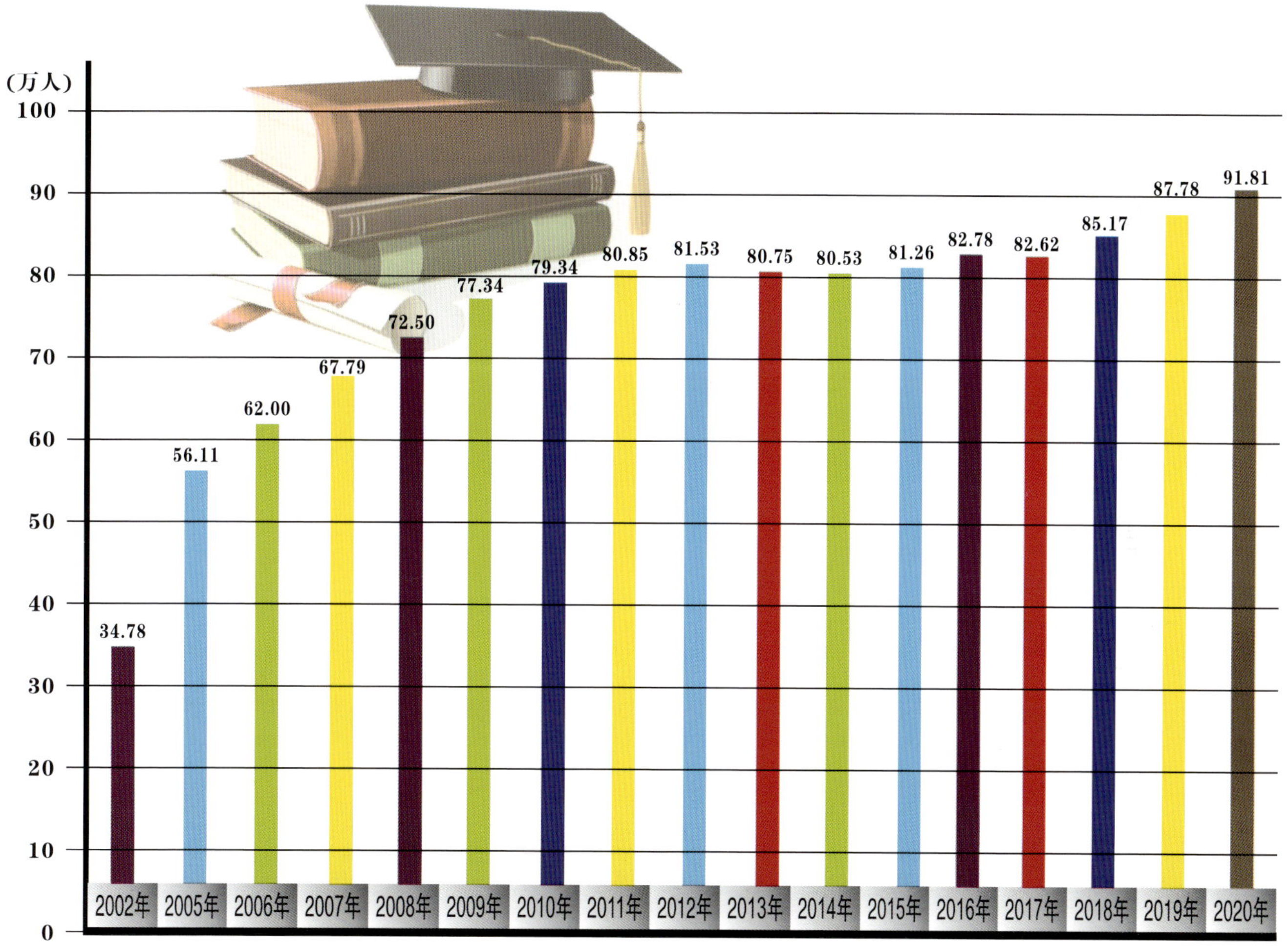

(万人)

年份	在校学生人数
2002年	34.78
2005年	56.11
2006年	62.00
2007年	67.79
2008年	72.50
2009年	77.34
2010年	79.34
2011年	80.85
2012年	81.53
2013年	80.75
2014年	80.53
2015年	81.26
2016年	82.78
2017年	82.62
2018年	85.17
2019年	87.78
2020年	91.81

南京市城镇市居民人均可支配收入示意图

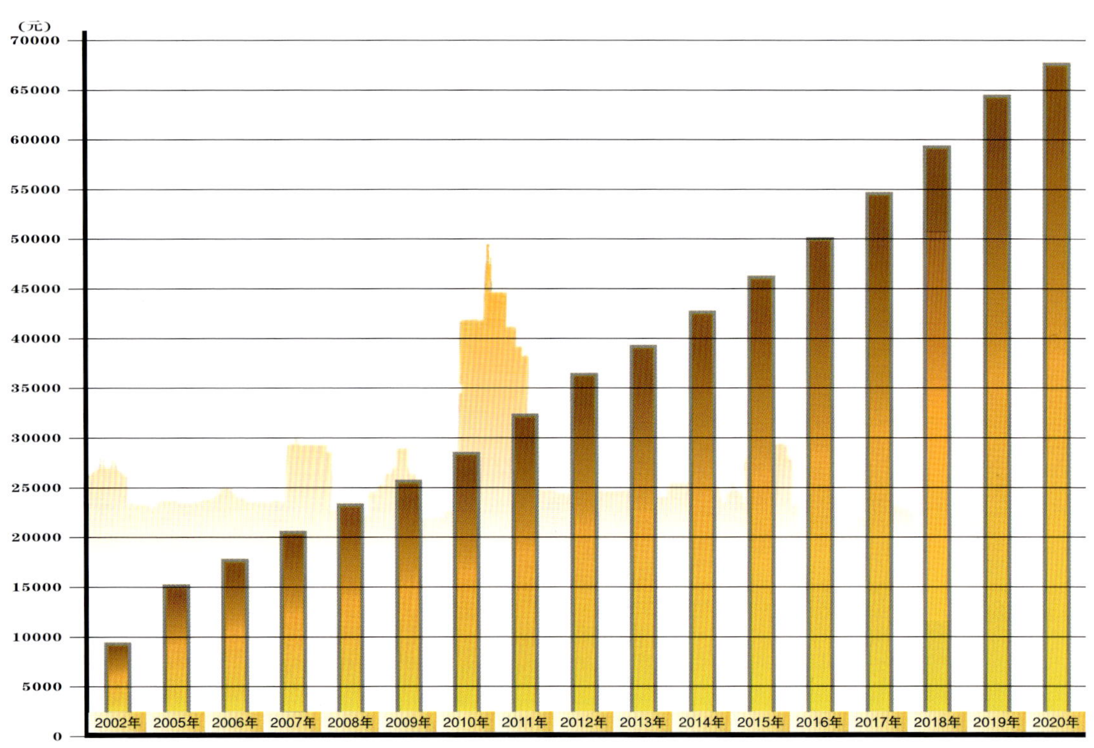

南京市农村居民人均可支配收入示意图

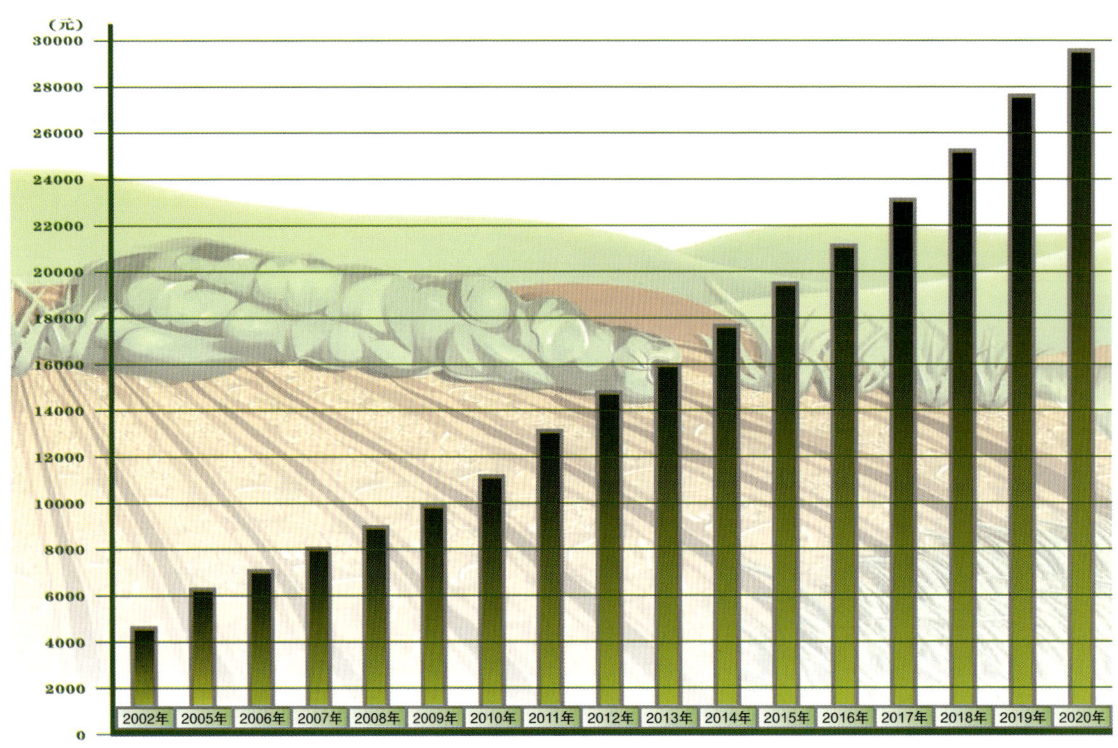

2021 年统计年鉴目录

CONTENTS ON STATISTICAL YEARBOOK-2021

（一）综合

General Survey

表 1—1　行政区划与行政区域土地面积（2020 年末）…………1
Administrative Division And Land Area（2020）

表 1—2　区所辖街道办事处、镇名称（2020 年）…………2
Name of Urban Subdistrict Office, Towns unber the Jurisdiction of Districts（2020）

表 1—3　耕地面积情况…………3
Area of Cultivated Land

表 1—4　气候（2020 年）…………3
Climate（2020）

表 1—5　社会经济主要指标…………4
Major Indicators of Social Economy

表 1—6　按人口平均的社会经济主要指标…………6
Major Per Capita Indicators of Social Economy

表 1—7　南京与全国、全省主要经济指标比较（2020 年）…………7
Main Indicators of Nanjing,Jiangsu and China（2020）

表 1—8　南京与全国、全省主要经济指标人均水平比较…………8
Major Per Capita Indicators of Nanjing,Jiangsu and China

表 1—9　用电量…………8
Volume of Electricity Consumption

表 1—10　个体经营户注册登记情况（2020 年）…………9
Statistics of Registered Self-Employed Businessmen（2020）

表 1—11　私营企业注册登记情况（2020 年）…………10
Statistics of Registered Private Enterprises（2020）

表 1—12　2020 年规模以上服务业企业主要财务指标表…………11
Table for Main Financial Indicators of Service Enterprises above the Set Scale（2020）

表 1—13　2020 年规模以上服务业营业收入三十强企业名单…………14
The Largest 30 Service Enterprises in Terms of Annual Revenue in Nanjing（2020）

表 1—14　2020 年末南京上市公司名单…………15
Listed Companies in Nanjing（End of 2020）

表 1—15 人民币汇率（年平均价）…………19
Reference Exchange Rate of Renminbi（Period Average）

（二）国民经济核算

National Accounts

表 2—1 地区生产总值（2020 年）…………25
Gross Domestic Product of Nanjing（2020）
表 2—2 主要年份地区生产总值…………26
Gross Domestic Product over the Major Years
表 2—3 主要年份地区生产总值发展速度…………27
Development Speed of Gross Domestic Product over the Major Years

（三）人口和就业

Population And Employment

表 3—1 人口主要指标…………33
Main Indicators of Population
表 3—2 结婚及离婚登记情况…………34
Statistics of Registered Marriages and Divorces
表 3—3 收养登记情况…………34
Registration of Adoption
表 3—4 城镇非私营单位从业人员情况（2020 年）…………35
Basic Statistics of Employees in Urban Units of Nanjing（Excluded Private）（2020）
表 3—5 主要年份户籍人口数及自然变动情况…………37
Number of Registered Population and Natural Changes over the Main Years
表 3—6 2000 年以来常住人口、城镇化率和城镇登记失业率…………38
Permanent Population Urbanization Rate and Urban Unemployed Rate（2000—2020）

（四）人民生活

People's Livelihood

表 4—1 城镇居民家庭生活基本情况…………43
Basic Statistics of Livelihood of Urban Households

表 4—2　城镇居民家庭全年人均可支配收入……43
Annual Per Capita Income of Urban Households
表 4—3　城镇居民家庭全年人均消费支出……44
Annual Per Capita Consumption Expenditure of Urban Households
表 4—4　城镇居民家庭平均每百户年末耐用消费品拥有量……45
Number of Durable Consumer Goods Owned Per 100 Urban Households at Year End
表 4—5　农村居民家庭生活基本情况……46
Basic Statistics of Rural Households
表 4—6　农村居民家庭全年人均可支配收入……46
Composition of Annual Per Capita Income of Rural Households
表 4—7　农村居民家庭全年人均消费支出……47
Composition of Annual Per Capita Expenditure of Rural Households
表 4—8　农村居民家庭人均主要消费品购买量……48
Per Capita Consumption of Major Consumer Goods in Rural Households
表 4—9　农村居民家庭平均每百户年末耐用消费品拥有量……49
Number of Durable Consumer Goods Owned Per 100 Rural Households at Year End
表 4—10　城镇非私营单位从业人员工资总额（2020 年）……50
Total Wages of Employees in Urban Non-private Units（2020）
表 4—11　城镇非私营单位在岗职工工资总额及平均工资（2020 年）……52
Total and Average Wages of Working Staff in Urban Non-private Units（2020）
表 4—12　城镇非私营单位主要年份在岗职工工资总额及平均工资……54
Total and Per Capita Wages of Working Staff in Urban Non-private Units for Selected Years
表 4—13　主要年份人民生活主要指标……55
Major Indicators of People's Livelihood for Selected Years

（五）价格指数

Price Indices

表 5—1　工业生产者出厂价格指数……61
Industrial Producer Price Index
表 5—2　居民消费价格指数……63
Consumer Price Index for All Urban Consumers
表 5—3　商品零售价格指数……64
Retail Price Index

表 5—4　主要年份价格指数（以上年同期价格 =100）…… 65
Price Index for Selected Years （Preceding year =100）

（六）农业

Agriculture

表 6—1　农村组织情况和从业人员情况（2020 年）…… 71
Statistics of Rural Organizations and Employees（2020）
表 6—2　农、林、牧、渔业总产值（现价）（2020 年）……73
Gross Output Value of Farming,Forestry,Animal Husbandry and Fishery（Current prices）（2020）
表 6—3　农、林、牧、渔业增加值（现价）（2020 年）……73
Added Value of Farming,Forestry,Animal Husbandry and Fishery（Current prices）（2020）
表 6—4　农业机械化、农业化学化、农田水利化情况（2020 年）…… 74
Statistics of Rural Mechanization,Rural Chemicalization and Farmland Irrigation（2020）
表 6—5　农业主要产品生产情况（全社会）（2020 年）……77
Statistics of Major Agricultural Products（Whole Society）（2020）
表 6—6　茶叶、水果生产情况（2020 年）…… 79
Production of Tea and Fresh Fruits（2020）
表 6—7　林业生产情况（2020 年）…… 81
Production of Forestry（2020）
表 6—8　畜牧业主要产品生产情况（2020 年）…… 82
Production of Main Animal Husbandry Products（2020）
表 6—9　渔业生产情况（2020 年）…… 83
Production of Fishery（2020）
表 6—10　主要年份农林牧渔业总产值（现价）……84
Gross Output Value of Farming,Forestry,Animal Husbandry and Fishery over the Main Year （Current prices）
表 6—11　主要年份主要农产品产量……85
Output of Main Agricultural products over the Main Years

（七）工业和能源

Industry and Energy

表 7—1　规模以上工业企业主要经济指标（2020 年）…… 91
Major Economic Indicators of Industrial Enterprises Above the Set Scale（2020）

表 7—2　规模以上工业企业主要产品产量……95
Output of Major Industrial Products
表 7—3　规模以上国有控股工业企业主要经济指标（2020 年）……97
Major Economic Indicators of State-Owned Industrial Enterprises（2020）
表 7—4　规模以上民营工业企业主要经济指标（2020 年）……103
Major Economic Indicators of Collective Industrial Enterprises Above the Set Scale（2020）
表 7—5　规模以上“三资”工业企业主要经济指标（2020 年）……109
Major Economic Indicators of Industrial Enterprises With“Three Kinds of Foreign Capital” above（2020）
表 7—6　规模以上大中型工业企业主要经济指标（2020 年）……115
Major Economic Indicators of Large and Medium-Sized Industrial Enterprises Above the Set Scale（2020）
表 7—7　规模以上小微型工业企业主要经济指标（2020 年）……121
Main Indicators of Small and Micro Industrial Enterprises Above the Set Scale（2020）
表 7—8　规模以上工业企业能源购进、消费及库存（2020 年）……127
Energy Purchasing,Consumption and Inventory of Industrial Enterprises Above the Set Scale（2020）
表 7—9　规模以上工业企业能源加工转换与回收利用（2020 年）……128
Energy Conversion and Recycling of Industrial Enterprises Above the Set Scale（2020）
表 7—10　规模以上工业企业能源产品生产销售与库存（2020 年）……129
Energy Products Sales and Inventory of Industrial Enterprises Above the Set Scale（2020）
表 7—11　重点能源商品经销表（2020 年）……130
Distribution of Energy Commodities（2020）
表 7—12　主要能源品种按工业行业分组消费量（2020 年）……131
Consumption of Main Energy Varieties Grouped by Industry Sector（2020）
表 7—13　工业行业综合能耗（2020 年）……139
Summary Table for Comprehensive Energy Consumption of Industry（2020）
表 7—14　规模以上工业企业主要单位产品能源消耗……140
Energy Consumption of Main Products of Industrial Enterprises Above the Set Scale
表 7—15　规模以上工业企业取水总量按行业分类（2020 年）……141
Total Volume of Water Consumption of Industrial Enterprises Above the Set Scale by Sector（2020）
表 7—16　2000 年以来全社会用电量……142
Basic Statistics of Total Electricity Consumption（2000-2020）
表 7—17　2000 年以来工业和城乡居民生活用电量……143
Industrial Electricity Consumption and Electricity Consumption by Urban and Rural Residents（2000-2020）

表 7—18 主要年份规模以上工业企业职工人数、主营业务收入……144
Number of Employed Persons and Prime Operating Revenue of Industrial Enterprises Above Designated Size in Main Years
表 7—19 2020 年大中型工业企业名单……145
Name List of Large and Medium-sized Industrial Enterprises of Nanjing Municipality（2020）

（八）交通运输和邮电通讯业

Transportation, Post and Telecommunication Services

表 8—1 铁路运输基本情况（南京市辖范围）……159
Basic Statistics of Railway transportation（Covered the Scope under the Jurisdiction of Nanjing Municipality）
表 8—2 航空运输情况……159
Statistics on Air Transportation
表 8—3 全社会客货运输（吞吐）量（2020 年）……160
Volume（Handled）of passenger and Freight Transportation of Whole Society（2020）
表 8—4 公路基本情况……161
Basic Statistics on Highway
表 8—5 独立核算内河（沿海）港货物吞吐量……162
Cargo Handling Capacity of Independent Accounting of Inland River（Coastal）Ports
表 8—6 民用车辆拥有量（2020 年）……162
Number of Civil Motor Vehicles Owned（2020）
表 8—7 邮政电信基本情况（2020 年）……163
Basic Statistics on Post and Telecommunication Services（2020）
表 8—8 城市公共交通情况……164
Public Transportation of Cities
表 8—9 主要年份旅客和货物运输量、邮电业务总量……165
Total Volume of Passenger and Freight Traffic,Post and Telecommunication over the Main Years
表 8—10 2000 年以来全社会客运周转量……166
Turnover Volume of Passenger Trafffic（2000—2020）
表 8—11 2000 年以来全社会货物周转量……167
Turnover Volume of Freight Trafffic（2000—2020）

（九）固定资产投资和建筑业

Investment in Fixed Assets and Construction

表 9—1　全社会固定资产投资（2020 年）……175
Total Investment in Fixed Assets（2020）

表 9—2　项目固定资产投资（2020 年）……176
Investment in Fixed Assets in Urban Area（2020）

表 9—3　全社会工业投资（2020 年）……188
Investment in Industry in the Whole Country（2020）

表 9—4　房地产开发投资、资金和土地情况（2020 年）……204
Investment in Real Estate Development, Capital Sources and Land Using（2020）

表 9—5　房地产开发施工、竣工和销售按用途分组（2020 年）……214
Real Estate Development Constructed,Completed and Sold in groups of usage（2020）

表 9—6　房地产企业财务状况（2020 年）……216
Main Financial Indicators of Real Estate Development Enterprises（2020）

表 9—7　建筑业企业基本情况（2020 年）……221
Basic Statistics of Construction Enterprises（2020）

表 9—8　建筑业企业生产情况（2020 年）……222
Production Statistics of Construction Enterprises（2020）

表 9—9　按行业分建筑业企业生产情况（2020 年）……223
Production Statistics of Construction Enterprises by Sector（2020）

表 9—10　按经济类型分建筑业企业生产情况（2020 年）……225
Production Statistics of Construction Enterprises by Ownership（2020）

表 9—11　建筑业企业财务情况（2020 年）……226
Financial Indicators on Construction Enterprises（2020）

表 9—12　主要年份全社会固定资产投资完成额……227
Total Investment in Fixed Assets Completed for Selected Years

表 9—13　2000 年以来固定资产投资情况……228
Basic Statistics of Investment in Fixed Assets（2000—2020）

表 9—14　2000 年以来房屋竣工面积与商品房销售情况……229
Basic Statistics of Floor Space Completed and Sale of Commercialized Buildings（2000—2020）

（十）批发和零售业、住宿和餐饮业

Wholesale and Retail Trade, Accommodations and Catering

表 10—1　社会消费品零售总额（2020 年）………………………………………………………… 237

Total Retail Sales of Consumer Goods（2020）

表 10—2　限额以上批发和零售业基本情况（2020 年）………………………………………… 238

Main Indicators of Wholesale and Retail Enterprises Above Designated Size（2020）

表 10—3　限额以上住宿和餐饮业基本情况（2020 年）………………………………………… 241

Main Indicators of Accommodations and Catering Enterprises Above Designated Size（2020）

表 10—4　限额以上批发和零售业商品购进、销售和库存总额（2020 年）……………………… 243

Purchase, Sales and Inventory of Commodities by Wholesale and Retail Enterprises Above Designated Size（2020）

表 10—5　限额以上住宿和餐饮业经营情况（2020 年）………………………………………… 249

Statistics of Accommodations and Catering Above Designated Size（2020）

表 10—6　限额以上批发和零售业法人企业主要财务状况（2020 年）…………………………… 253

Main Financial Indicators of Corporate Enterprises Above Designated Size in Wholesale and Retail Trade（2020）

表 10—7　限额以上住宿和餐饮业法人企业主要财务状况（2020 年）…………………………… 262

Main Financial Indicators of Accommodations and Catering of Corporations Enterprises Above Designated Size（2020）

表 10—8　亿元以上商品交易市场基本情况（2020 年）………………………………………… 270

Basic Statistics of Commodity Transaction Markets Each with More Than 100 Million Yuan of Annual Transaction Value（2020）

表 10—9　批发和零售业连锁总店经营情况（2020 年）………………………………………… 272

Main Indicators of Wholesale and Retail Chain Stores Headquartered in Nanjing（2020）

表 10—10　住宿和餐饮业连锁总店经营情况（2020 年）……………………………………… 273

Main Indicators of Accommodations and Catering Chain Stores Headquartered in Nanjing（2020）

表 10—11　主要年份社会消费品零售总额……………………………………………………… 274

Total Retail Sales of Consumer Goods over Main Years

表 10—12　2020 年批发业销售额三十强企业名单……………………………………………… 275

The Largest 30 Wholesale Enterprises in Terms of Annual Sales in Nanjing（2020）

表 10—13　2020 年零售业销售额三十强企业名单……………………………………………… 276

The Largest 30 Retail Enterprises in Terms of Annual Sales in Nanjing（2020）

表 10—14　2020 年住宿业营业额三十强企业名单……………………………………………… 277

The Largest 30 Accommodations Enterprises in Terms of Annual Turnover in Nanjing（2020）

表 10—15　2020 年餐饮业营业额三十强企业名单……278
The Largest 30 Catering Enterprises in Terms of Annual Turnover in Nanjing（2020）

（十一）对外经济贸易和旅游业
Foreign Trade and Economic Cooperation, Tourism

表 11—1　利用外资……285
Foreign Capital Utilization
表 11—2　对外劳务和承包工程情况……285
Statistics of Labor Services and Contracted Projects with Foreign Countries
表 11—3　涉外税收……285
Taxes Concerning Foreign Affairs
表 11—4　海关统计进出口贸易（2020 年）……286
Value of Imports and Exports（2020）
表 11—5　南京与国外缔结友好关系的城市……287
Friendly Municipalities Joined by Nanjing and Overseas Countries
表 11—6　旅游经济主要指标……288
Main Indicators of Tourism
表 11—7　接待入境旅游人数……289
Number of Overseas Tourists through Nanjing Customs
表 11—8　部分年份对外贸易主要指标……290
Main Indicators of Foreign Trade over Part Years
表 11—9　部分年份开放型经济主要指标……291
Main Indicators of Foreign Economy over Part Years
表 11—10　部分年份旅游经济主要指标……292
Main Indicators of Tourism Economy over Part Years

（十二）财政、金融和保险
Finance, Banking and Insurance

表 12—1　财政收入……299
Fiscal Revenues
表 12—2　公共财政预算支出……300
Local Fiscal Budget Expenditures

表 12—3　金融机构本外币存、贷款余额…………301
Deposit and Loan Balance of Banking Institution
表 12—4　保费收入情况（2020 年）…………302
Statistics of Insurance Business（2020）
表 12—5　主要年份财政收支…………303
Fiscal Revenues and Expenditures over the Main Years
表 12—6　2000 年以来金融机构本外币存贷款情况…………304
Deposits and Loans of Banking Institutions（RMB and Foreign Currency,2000—2020）
表 12—7　2000 年以来金融机构人民币存贷款情况…………305
Deposits and Loans of Banking Institutions（RMB,2000—2020）
表 12—8　2000 年以来保费收入情况…………306
Basic statistics of Insurance Business

（十三）科技和教育
Science and Technology, Education

表 13—1　专利申请量与授权量…………311
Number of Patents Applied and Authorized
表 13—2　商标注册情况…………311
Statistics of Trademark
表 13—3　技术合同成交情况（2020 年）…………312
Statistics on Technical Compact（2020）
表 13—4　规模以上工业企业研发活动（2019 年）…………312
Basic Statistics on Sicence and Technology Activities of Industrial Enterprises Above the Set Scale（2019）
表 13—5　规模以上工业企业研究与试验发展内部支出（2019 年）…………314
Expenditure on Research and Development of Industrial Enterprises Above the Set Scale（2019）
表 13—6　2009 年以来研究与试验发展（R&D）投入情况…………319
Research and Development Investment Since 2009
表 13—7　各类教育事业基本情况…………320
Basic Statistics of Educational Undertaking
表 13—8　教育系统各级各类学校教学设施情况（2020 年）…………325
Statistics of Teaching Facilities by Level And Type Of Schools（2020）
表 13—9　南京国家重点实验室名单（2020 年）…………326
Lists of National Key Laboratories in Nanjing（2020）

表 13—10　南京普通高等学校名单（2020 年）…… 328
Lists of Colleges and Universities in Nanjing（2020）
表 13—11　主要年份学校在校学生数…… 330
Number of Students by Type of school over the Main Years

（十四）文化、体育和卫生

Culture, Sports and Public Health

表 14—1　文化和旅游机构综合情况（2020 年）…… 335
Main Indicators of Cultural and Tourism Institutions（2020）
表 14—2　文化馆（站）（2020 年）…… 335
Mass Art Centers and Cultural Stations（Centers）（2020）
表 14—3　艺术团体（2020 年）…… 336
Art Performance Troupes（2020）
表 14—4　文化市场经营机构基本情况（2020 年）…… 336
Basic Statistics of Operating Agencies in Cultural Market（2020）
表 14—5　公共图书馆综合情况（2020 年）…… 337
General Statistics of Public Libraries（2020）
表 14—6　博物馆综合情况（2020 年）…… 338
General Statistics of Museums（2020）
表 14—7　文物保护管理机构综合情况（2020 年）…… 339
General Statistics of Historic Relics Preservation Agencies（2020）
表 14—8　图书、杂志、报纸出版情况（2020 年）…… 339
Number of Books,Magazines and Newspapers Published（2020）
表 14—9　艺术表演场所综合情况…… 340
General Statistics of Art Performance Places
表 14—10　广播、电视播出情况（2020 年）…… 341
Statistics of Broadcasting and Television（2020）
表 14—11　广播、电视覆盖情况（2020 年）…… 341
Statistics of Districts Covered by Broadcasting and Television Signals（2020）
表 14—12　体育赛事和运动成绩情况（2020 年）…… 342
Sporting Events and Achievements（2020）
表 14—13　运动员、教练员、裁判员基本情况（2020 年）…… 343
Basic Statistics of Athletes、Coaches and Referees（2020）

表 14—14　新华书店图书销售数量……343
Sales Volume of Books of Xinhua Book Stores
表 14—15　医疗卫生事业基本情况……344
Basic Statistics of Medical and Health Undertaking
表 14—16　各类医院基本情况（2020 年）……345
Basic Statistics of Various Hospitals（2020）
表 14—17　医疗机构病床使用情况（2020 年）……345
Statistics of Hospital Beds Usage in Medical Treatment Institutions（2020）
表 14—18　南京三级甲等医院名单（2020 年）……346
Lists of Grade III-A Hospitals in Nanjing（2020）
表 14—19　主要年份卫生机构、卫生技术人员、医院床位数……347
Number of Health Institutions,Health Technicians and Hospital Beds over the Main Years

（十五）司法、社会福利与其他社会活动

Judicature, Social Welfare and Others

表 15—1　律师、公证、基层司法基本情况……351
Basic Statistics of Lawyers,Notarization and Grass-roots Justice
表 15—2　民政事业费支出情况……352
Operating Expenses for Civil Administration
表 15—3　收养性社会福利单位情况（2020 年）……352
Statistics of Adopting Social Welfare Units（2020）
表 15—4　工会组织基本情况……353
Basic Statistics of Labour Union Organizations

（十六）城市建设与环境保护

Urban Construction and Environmental Protection

表 16—1　城市煤气、液化石油气、天然气……357
Statistics of Gas,Liquefied Gas and Natural Gas Supplies in Cities
表 16—2　城市设施水平……357
Level of Public Facilities in Cities
表 16—3　城市供水和节约用水……358
Tap Water Supply and Saving in Cities

表 16—4　市政工程设施……358
Facilities of Municipal Engineering
表 16—5　城市园林绿化……359
Afforestation of Parks and Gardens in Cities
表 16—6　城市环境质量……359
Urban Environmental Quality
表 16—7　城市环境卫生……360
Urban Environmental Hygiene
表 16—8　工业污染排放与治理……360
Discharge and Treatment of Industrial Pollution

（十七）分区社会经济
Social Economy by District and County

表 17—1　分区户籍人口及构成（2020 年末）……365
Number of Census Registered Population and Composition by District and Country（2020Year End）
表 17—2　分区年末户数（2020 年末）……366
Year-end Number of Households by District and County（2020Year End）
表 17—3　分区年末常住人口……367
Year-end Residents Population with Permanent Residence by District and County
表 17—4　分区人口出生与死亡（2020 年）……368
Birth and Death of Population by District and County（2020）
表 17—5　分区婚姻登记情况（2020 年）……369
Statistics of Marriage Registration by District and County（2020）
表 17—6　分区地区生产总值（2020 年）……370
Gross Domestic Product by District and County（2020）
表 17—7　分区地区生产总值发展速度（2020 年）……371
Development Speed of Gross Domestic Product by District and County（2020）
表 17—8　分区一般公共预算收入（2020 年）……372
General Budgetary Revenues of Local Finance by District and County（2020）
表 17—9　分区城镇居民人均可支配收入（2020 年）……373
Disposable Income of Urban Residents by District and County（2020）
表 17—10　分区私营和个体从业人员（2020 年）……374
Number of Employees in Private Enterprises and Self-Employed Individuals by District and County（2020）

表 17—11　农村经济概况（2020 年）………………………………………………………………375
Rural General Economic Situation of Suburbs and Counties （2020）
表 17—12　分区规模以上工业企业主要经济指标（2020 年）………………………………381
Main Economic Indicators of Industrial Enterprises above the Set Scale by District and County（2020）
表 17—13　分区全社会固定资产投资（2020 年）…………………………………………………383
Total Investment in Fixed Assets by District and County （2020）
表 17—14　分区社会消费品零售总额（2020 年）…………………………………………………384
Total Value of Retail Sales by District and County （2020）
表 17—15　分区出口总额（按经营单位口径）（2020 年）………………………………………385
Total Exports by District and County（Counted According to the Units of Management）（2020）
表 17—16　分区新批三资企业数（2020 年）………………………………………………………386
Number of Newly Approved Enterprises with Three Kinds of Foreign Capital by District and Country（2020）
表 17—17　分区实际使用外资（2020 年）……………………………………………………………387
Foreign Investment Actually Used by District and Country（2020）
表 17—18　分区对外承包劳务实际完成营业额（2020 年）………………………………………388
Operating Revenues of Foreign Contracted Labour Services Actually Completed/Finished by District and County（2020）
表 17—19　分区中小学、幼儿园学校数（2020 年）…………………………………………………389
Number of Secondary,Primary Schools and Kindergartens by District and County（2020）
表 17—20　分区中小学、幼儿园在校学生数（2020 年）……………………………………………390
Number of Students Enrollment in Secondary,Primary Schools and Kindergartens bv District and County（2020）
表 17—21　分区中小学、幼儿园专任教师数（2020 年）……………………………………………391
Number of Staff and Full-time teachers in Secondary,Primary Schools and Kindergartens by District and County（2020）
表 17—22　分区公共文化设施数（2020 年）…………………………………………………………392
Number of Public Cultural Facilities by District and County（2020）
表 17—23　分区卫生机构情况（2020 年）……………………………………………………………393
Statistics of Health Agencies Institutions by District and County（2020）
表 17—24　分区卫生机构床位和人员情况（2020 年）………………………………………………394
Statistics of Beds and Personnel in Health Agencies Institutions by District and County（2020）
表 17—25　分区社会福利单位、床位和社区服务设施基本情况（2020 年）………………………395
Statistics of Social Welfare Institutions,Beds And Community Facilities（2020）
表 17—26　分区健身场地设施建设情况（2020 年）…………………………………………………396
Construction of Fitness Venues and Facilities by Districts

（一）综合

CHAPTER 1 GENERAL SURVEY

表 1—1　行政区划与行政区域土地面积（2020 年末）

计量单位：个、平方公里

地　区	行　政　区　划				行政区域土地面积
	街道办事处	社区居民委员会	镇人民政府	村民委员会	
全　市	95	901	6	325	6587.02
玄　武	7	59			75.46
秦　淮	12	104			49.11
建　邺	6	60			82.93
鼓　楼	13	120			53.00
浦　口	9	93		27	910.49
栖　霞	9	97		29	395.44
雨花台	7	64			132.39
江　宁	10	128		73	1563.32
六　合	11	91	1	55	1470.99
溧　水	5	74	3	37	1063.67
高　淳	6	11	2	104	790.23

注：本表中行政区划数据由市民政局提供；行政区域土地面积由市规划和自然资源局提供，为 2018 年数据。

表1—2　区所辖街道办事处、镇名称（2020年）

地　区	街道办事处、镇
玄武区	梅园新村街道、新街口街道、玄武门街道、锁金村街道、红山街道、孝陵卫街道、玄武湖街道
秦淮区	秦虹街道 、夫子庙街道、双塘街道、中华门街道、红花街道、洪武路街道、五老村街道、大光路街道、瑞金路街道、月牙湖街道、光华路街道、朝天宫街道
建邺区	兴隆街道、南苑街道、双闸街道、沙洲街道、江心洲街道、莫愁湖街道
鼓楼区	宁海路街道、华侨路街道、湖南路街道、中央门街道、挹江门街道、江东街道、凤凰街道、下关街道、热河南路街道、幕府山街道、建宁路街道、宝塔桥街道、小市街道
浦口区	泰山街道、顶山街道、沿江街道、江浦街道、桥林街道、汤泉街道、盘城街道、星甸街道、永宁街道
栖霞区	尧化街道、马群街道、迈皋桥街道、燕子矶街道、仙林街道、龙潭街道、栖霞街道、八卦洲街道、西岗街道
雨花台区	赛虹桥街道、雨花街道、西善桥街道、板桥街道、铁心桥街道、梅山街道、古雄街道
江宁区	东山街道、禄口街道、淳化街道、麒麟街道、横溪街道、江宁街道、谷里街道、汤山街道、秣陵街道、湖熟街道
六合区	龙池街道、雄州街道、横梁街道、金牛湖街道、程桥街道、马鞍街道、龙袍街道、冶山街道、大厂街道、葛塘街道、长芦街道、竹镇镇
溧水区	永阳街道、柘塘街道、白马镇、东屏街道、石湫街道、洪蓝街道、晶桥镇、和凤镇
高淳区	淳溪街道、古柏街道、漆桥街道、固城街道、东坝街道、桠溪街道、阳江镇、砖墙镇

表 1—3 耕地面积情况

计量单位：千公顷

指 标	2020 年
一、年初耕地面积	235.29
二、年内增加耕地面积	1.12
三、当年经批准减少耕地面积	1.74
四、年末耕地面积	234.67

注：本表数据来源于市规划和自然资源局。目前，全国第三次国土调查成果尚未正式公布，有关国土数据按 2018 年土地变更调查成果汇总填报。

表 1—4 气候（2020 年）

月 份	平均气温（摄氏）	平均气温（摄氏）		降水量合计（毫米）
		最高	最低	
全 年	17.1	34.1	1.4	1294.4
一月	5.3	7.5	3.1	75.3
二月	8.3	13.2	4.4	35.5
三月	12.4	17.3	8.1	89.9
四月	15.7	21.8	10.3	70.8
五月	23.0	28.3	18.5	33.7
六月	25.8	29.8	22.6	358.0
七月	25.4	28.7	23.3	272.0
八月	30.1	34.1	26.7	114.4
九月	24.1	28.7	20.6	82.7
十月	17.5	21.8	14.0	64.9
十一月	13.3	17.3	10.3	76.8
十二月	4.8	8.9	1.4	20.4

附：极端最高气温：37.1℃ 出现日期：2020 年 08 月 16 日、2020 年 08 月 19 日
极端最低气温：-7.2℃ 出现日期：2020 年 12 月 31 日
全年日照：1654.5 小时

表 1—5　社会经济主要指标

指　　标	2020 年	2019 年
行政区域土地面积（平方公里）	6587.02	6587.02
#建成区面积	868.28	823.00
户籍总人口（万人）	722.57	709.82
常住人口（万人）	931.97	928.16
地区生产总值（亿元）	14817.95	14045.15
房地产开发投资（亿元）	2631.40	2501.26
社会消费品零售总额（亿元）	7203.03	7136.32
实际使用外资（亿美元）	45.15	41.01
海关进出口总额（亿美元）	771.79	699.60
#出口总额	491.14	435.33
接待国内外旅游人数（万人次）	9704	14682
国际旅游创汇收入（亿美元）	3.85	9.42
财政总收入（亿元）	3009.55	3023.30
#一般公共预算收入	1637.70	1580.03
一般公共预算支出（亿元）	1754.62	1658.60

表1—5 社会经济主要指标（续表）

指 标	2020年	2019年
城市居民消费价格指数（以上年为100）	102.4	103.1
城镇登记失业率（%）	1.71	1.75
城镇企业职工基本养老保险参保人数（万人）	337.60	325.72
城镇失业保险参保人数（万人）	329.24	308.64
城镇职工基本医疗保险参保人数（万人）	483.73	455.58
私人轿车拥有量（万辆）	150.23	149.46
互联网接入用户（万户）	1652.26	1645.94
国家级重点实验室（家）	31	31
专利申请量（件）	120938	103024
普通高校拥有数（所）（不含部队院校）	53	53
#双一流高校	12	12
普通高校在校学生数（万人）（含研究生）	91.81	87.78
普通中学在校学生数（万人）	27.55	26.06
小学在校学生数（万人）	47.10	44.66
公共图书馆总藏量（万册）	2415.84	2031.12
三甲医院拥有数（个）（不含部队医院）	20	20
执业（助理）医师（人）	37823	35735
城市绿化覆盖率（%）	44.70	45.16
森林覆盖率（%）	25.86	25.60
环境空气质量良好以上天数（天）	304	255

表1—6　按人口平均的社会经济主要指标

指　　标	2020年	2019年
人均地区生产总值（元）*	159322	151630
人均社会消费品零售额（元）*	77447	77043
人均一般公共预算收入（元）*	17608	17058
人均一般公共预算支出（元）*	18866	17906
人均金融机构人民币存款余额（元）*	419928	374308
城镇非私营单位在岗职工年平均工资（元）	138005	124896
城市居民人均可支配收入（元）	67553	64372
城市居民人均消费支出（元）	35854	35933
农村居民人均可支配收入（元）	29621	27636
农村居民人均生活消费支出（元）	19421	19980
城镇居民人均现住房建筑面积（平方米）	40.5	40.3
农村居民人均现住房建筑面积（平方米）	64.4	63.2
人均日生活用水量（升）	296.54	280.17
人均生活用电（千瓦小时）*	1047.79	1043.82
年末每万人拥有医疗床位数（张）	67.53	63.62
年末每万人拥有执业医师、助理医师（人）	40.58	38.50
人均拥有道路面积（平方米）	25.00	24.30

注：本表中人均指标按常住人口计算，加“*”号指标按常住平均人口计算。

表 1—7　南京与全国、全省主要经济指标比较（2020 年）

指　　标	计量单位	南京	全国	全省	占全国%	占全省%
年末总人口（常住）	万人	931.97	144350	8477.26	0.65	10.99
地区生产总值	亿元	14817.95	1015986	102718.98	1.46	14.43
第一产业增加值	亿元	296.80	77754	4536.72	0.38	6.54
第二产业增加值	亿元	5214.35	384255	44226.43	1.36	11.79
第三产业增加值	亿元	9306.80	553977	53955.83	1.68	17.25
#金融业增加值	亿元	1838.22	84070	8405.79	2.19	21.87
#房地产业增加值	亿元	1048.80	74553	8944.94	1.41	11.73
规模以上工业利润总额	亿元	690.76	64516	7365.30	1.07	9.38
社会消费品零售总额	亿元	7203.03	391981	37086.06	1.84	19.42
进出口总额	亿元	5340.21	321557	44500.5	1.66	12.00
进口	亿元	1941.29	142231	17056.2	1.36	11.38
出口	亿元	3398.92	179326	27444.3	1.90	12.38
实际外商直接投资	亿美元	45.15	1444	283.84	3.13	15.91
一般公共预算收入	亿元	1637.70	182895	9058.99	0.90	18.08
一般公共预算支出	亿元	1754.62	245588	13682.47	0.71	12.82
金融机构人民币存款余额	亿元	39056.06	2125700	172580.27	1.84	22.63
金融机构人民币贷款余额	亿元	37594.23	1727000	154523.28	2.18	24.33

表 1—8　南京与全国、全省主要经济指标人均水平比较

计量单位：元

指　　标	2020 年			2019 年		
	南京	全国	全省	南京	全国	全省
人均地区生产总值	159322	72447	121231	151630	70892	116650
城镇居民人均可支配收入	67553	43834	53102	64372	42359	51056
农村居民人均可支配收入	29621	17131	24198	27636	16021	22675
人均社会消费品零售额	77447	27570	43769	77043	29452	41727
人均一般公共预算收入	17608	12864	10691	17058	13621	10408
人均一般公共预算支出	18866	17273	16148	17906	17090	14867
人均金融机构人民币存款余额	419928	149510	203678	374308	138011	180709
人均金融机构人民币贷款余额	404211	121468	182368	356179	109536	157644

表 1—9　用电量

计量单位：万千瓦小时

指　　标	2020 年	2019 年	2020 年为上年%
全社会用电量	6329425	6215283	101.8
第一产业	18660	19160	97.4
第二产业	3481973	3357175	103.7
#工业用电	3388753	3272563	103.6
第三产业	1854276	1872079	99.1
城乡居民生活用电	974516	966869	100.8
城镇居民	760398	764772	99.4
乡村生活用电	214118	202097	106.0

表 1—10　个体经营户注册登记情况（2020 年）

指标	年末户数（户）	从业人数（人）	资金数额（万元）
合计	843944	1518560	7931404
农、林、牧、渔业	16247	40440	514301
采矿业	32	97	648
制造业	23025	68306	315992
电力、热力、燃气及水生产和供应业	35	80	707
建筑业	14911	30241	217491
批发和零售业	501256	784494	4124378
交通运输、仓储和邮政业	28987	38267	264356
住宿和餐饮业	83224	227544	1003991
信息传输、软件和信息技术服务业	15754	19195	89240
金融业	62	143	660
房地产业	2382	6164	25149
租赁和商务服务业	34602	54302	335183
科学研究和技术服务业	7141	10461	42236
水利、环境和公共设施管理业	238	659	3752
居民服务、修理和其他服务业	96173	199566	824032
教育	1288	2805	16831
卫生和社会工作	685	1967	7752
文化、体育和娱乐业	17847	33750	144456
其他	55	79	247

注：本表数据来自市市场监督管理局。

表1—11　私营企业注册登记情况（2020年）

指　　标	年末户数（户）	从业人数（人）	注册资金（万元）
合　　计	613147	2908227	372375725
农、林、牧、渔业	2994	17110	3170655
采矿业	44	1791	154076
制造业	27756	351741	20147997
电力、热力、燃气及水生产和供应业	432	3546	1327003
建筑业	56210	338332	46149988
批发和零售业	135609	571263	54416137
交通运输、仓储和邮政业	11723	62585	5794230
住宿和餐饮业	6891	53243	1676010
信息传输、软件和信息技术服务业	37852	175688	19256261
金融业	1586	8207	13122611
房地产业	13006	74349	14969135
租赁和商务服务业	193462	764640	121870358
科学研究和技术服务业	86842	327073	56381969
水利、环境和公共设施管理业	1146	7188	1119102
居民服务、修理和其他服务业	12075	67214	3688781
教育	3664	11529	608026
卫生和社会工作	1576	9376	901997
文化、体育和娱乐业	20226	63229	7605252
其他	53	123	16137

注：本表数据来自市市场监督管理局。

表 1—12　2020 年规模以上服务业企业主要财务指标表

计量单位：万元

指　　标	单位个数	年初存货	固定资产原价	累计折旧	资产总计	负债合计
总　　计	3920	18092696	59858524	13751545	327521608	193029909
按登记注册类型分组						
内资企业	3766	17931773	55407037	11740699	316865720	186260992
#国有企业	122	690475	11740019	466798	40580763	18204979
集体企业	19	13726	88731	36662	617738	135284
股份合作企业	4	61	2481	1439	15494	10034
联营企业	7	2104	4148	449	57700	42890
有限责任公司	990	14695949	28535613	6891482	205185436	125992917
股份有限公司	129	1278934	10271001	2501760	29452209	14180817
私营企业	2455	1246029	4648477	1781867	40552443	27409701
其他企业	40	4495	116567	60244	403937	284370
港、澳、台商投资企业	83	87302	2695796	734168	7036275	4498880
外商投资企业	71	73620	1755690	1276678	3619612	2270037
按国民经济行业分组						
交通运输、仓储和邮政业	475	386178	40005549	6033240	103090971	58448664
#铁路运输业	11	2646	18257741	1445760	30600022	12790606
道路运输业	218	161575	15781726	2341915	61658737	40171093
航空运输业	3	14424	2200414	713329	3540079	1635836
多式联运和运输代理业	108	1176	105662	49099	1031147	730351
信息传输、软件和信息技术服务业	783	894088	7348873	3936873	29342385	15965020
#电信、广播电视和卫星传输服务	37	37774	5308558	3145077	8876809	3997932
软件和信息技术服务业	573	596449	906626	436186	14092253	8009070
租赁和商务服务业	900	8224776	5888912	1230109	120209231	69972733
#商务服务业	853	8215428	5521382	1061875	118873749	69306331
科学研究和技术服务业	805	2068366	2733921	1198414	21170186	12427448
#专业技术服务业	622	1269145	2259367	1057207	16640892	9644360
水利、环境和公共设施管理业	80	5931031	751591	199885	25673672	17098900
居民服务、修理和其他服务业	85	13053	55255	31004	412943	336335
教育	54	1112	77881	37783	358521	255611
卫生和社会工作	83	25166	487364	228887	1039616	825028
文化、体育和娱乐业	344	429716	1000662	395792	8186283	5638143
房地产业（除房地产开发经营）	311	119210	1508517	459557	18037800	12062027

表1—12　2020年规模以上服务业企业主要财务指标表（续表1）

计量单位：万元

指　　标	营业收入	营业成本	税金及附加	销售费用	管理费用	研发费用
总　　计	62186324	50246486	350378	2634917	4653788	2165306
按登记注册类型分组						
内资企业	58688259	48028242	321640	2363653	4371723	1970594
#国有企业	1889537	1751444	10080	79913	193734	14820
集体企业	223139	170038	707	3176	20086	9516
股份合作企业	8288	2404	41	1939	3635	
联营企业	50257	25135	76	1600	2314	2925
有限责任公司	30062500	25586340	186403	1096075	1783915	993308
股份有限公司	5346623	4213350	24840	261469	386146	188247
私营企业	20663801	15943169	99250	892576	1924740	761728
其他企业	444114	336363	244	26905	57153	51
港、澳、台商投资企业	1353394	860942	13382	106459	128278	47863
外商投资企业	2144671	1357302	15356	164805	153787	146850
按国民经济行业分组						
交通运输、仓储和邮政业	15865146	15390011	66408	231097	559557	87583
#铁路运输业	758200	861385	1581	822	22453	24
道路运输业	6445785	6444205	30089	126939	229230	83810
航空运输业	631598	759529	967	19227	39578	
多式联运和运输代理业	4512278	4330931	20409	52471	74514	1585
信息传输、软件和信息技术服务业	20011201	14478015	79986	1306887	1282351	1501441
#电信、广播电视和卫星传输服务	3213619	2431106	11007	234479	169246	42207
软件和信息技术服务业	12179538	8872764	48705	765736	726972	1160773
租赁和商务服务业	8939841	7276029	80362	355862	958855	22205
#商务服务业	8755373	7132449	78568	340070	921215	19709
科学研究和技术服务业	10905830	8376797	54897	244774	907319	529392
#专业技术服务业	9312687	7119708	46862	186135	785496	438303
水利、环境和公共设施管理业	668025	538990	7229	13864	83499	502
居民服务、修理和其他服务业	346203	180638	1995	92238	39548	1196
教育	351001	234151	560	49007	50692	975
卫生和社会工作	927485	697501	162	84211	158617	3355
文化、体育和娱乐业	1697171	1304392	11866	183242	263681	12359
房地产业（除房地产开发经营）	2474420	1769962	46913	73735	349668	6298

表 1—12　2020 年规模以上服务业企业主要财务指标表（续表 2）

计量单位：万元

指　　标	财务费用	投资收益	利润总额	所得税费用	应付职工薪酬	应交增值税
总　　计	2105914	3532621	4526688	695070	10584789	1354331
按登记注册类型分组						
内资企业	1988135	3431154	3954631	629917	9949418	1300298
#国有企业	248904	510443	139521	36013	312571	1489
集体企业	-5123	729	26523	2544	40225	1926
股份合作企业	-1		429	20	4007	161
联营企业	-63		18633	937	3159	384
有限责任公司	1147900	2454185	2422538	313135	4699742	700025
股份有限公司	174289	244420	336662	98704	985492	114862
私营企业	420367	220216	984055	173797	3780468	479955
其他企业	1863	1161	26270	4768	123755	1497
港、澳、台商投资企业	79280	4769	161044	35901	222573	15368
外商投资企业	38499	96697	411013	29252	412799	38666
按国民经济行业分组						
交通运输、仓储和邮政业	782875	577830	305921	173154	1699163	355898
#铁路运输业	240277	11120	-352392	3539	29031	3072
道路运输业	481801	486815	371356	93203	897258	164474
航空运输业	6832	8819	-181482	-3987	245031	1192
多式联运和运输代理业	8406	11942	44714	9335	108137	154392
信息传输、软件和信息技术服务业	64515	354999	1908204	213625	3698678	518061
#电信、广播电视和卫星传输服务	16960	207298	541805	48614	612790	94032
软件和信息技术服务业	27393	114570	855487	120391	2134665	305356
租赁和商务服务业	780320	1927370	977490	72167	1675761	97857
#商务服务业	775852	1923605	987024	70455	1646539	94714
科学研究和技术服务业	146561	290511	920160	114353	1821767	246659
#专业技术服务业	126042	238976	797437	98168	1653409	225224
水利、环境和公共设施管理业	28243	30778	73488	17410	133495	11997
居民服务、修理和其他服务业	-439	29	34662	6010	106880	5611
教育	-481	136	20170	5839	122224	1533
卫生和社会工作	9347	3264	-9228	8850	259399	256
文化、体育和娱乐业	30719	40495	-25384	17441	323381	30727
房地产业（除房地产开发经营）	264255	307209	321205	66222	744042	85732

表 1—13　2020 年规模以上服务业营业收入三十强企业名单

序号	企业名称	序号	企业名称
1	华为软件技术有限公司	16	江苏省天然气销售有限公司
2	中储南京智慧物流科技有限公司	17	国网江苏综合能源服务有限公司
3	江苏满运软件科技有限公司	18	中通服网盈科技有限公司
4	南京今日头条科技有限公司	19	上海外服江苏人力资源服务有限公司
5	江苏省天然气有限公司	20	江苏交通控股有限公司
6	中国移动通信集团江苏有限公司南京分公司	21	江苏零浩网络科技有限公司
7	江苏苏宁物流有限公司	22	南京中兴软件有限责任公司
8	中国电信股份有限公司南京分公司	23	中石化华东石油工程有限公司
9	江苏宁沪高速公路股份有限公司	24	江苏省广播电视集团有限公司
10	中国中材国际工程股份有限公司	25	南京途牛国际旅行社有限公司
11	南京南瑞信息通信科技有限公司	26	南京福佑在线电子商务有限公司
12	江苏九州通医药有限公司	27	中国邮政集团公司南京市分公司
13	中国东方航空江苏有限公司	28	南京中兴新软件有限责任公司
14	中设设计集团股份有限公司	29	沪宁城际铁路股份有限公司
15	中国外运长江有限公司	30	南京地铁运营有限责任公司

表 1—14　2020 年末南京上市公司名单

证券代码	证券简称	公司中文名称
一、境内上市		
000421.SZ	南京公用	南京公用发展股份有限公司
000525.SZ	红太阳	南京红太阳股份有限公司
000727.SZ	*ST 东科	南京华东电子信息科技股份有限公司
000919.SZ	金陵药业	金陵药业股份有限公司
002024.SZ	苏宁易购	苏宁易购集团股份有限公司
002040.SZ	南京港	南京港股份有限公司
002080.SZ	中材科技	中材科技股份有限公司
002090.SZ	金智科技	江苏金智科技股份有限公司
002165.SZ	红宝丽	红宝丽集团股份有限公司
002182.SZ	云海金属	南京云海特种金属股份有限公司
002315.SZ	焦点科技	焦点科技股份有限公司
002380.SZ	科远智慧	南京科远智慧科技集团股份有限公司
002546.SZ	新联电子	南京新联电子股份有限公司
002608.SZ	江苏国信	江苏国信股份有限公司
002747.SZ	埃斯顿	南京埃斯顿自动化股份有限公司
200468.SZ	宁通信 B	南京普天通信股份有限公司
300172.SZ	中电环保	中电环保股份有限公司
300284.SZ	苏交科	苏交科集团股份有限公司
300295.SZ	三六五网	江苏三六五网络股份有限公司
300339.SZ	润和软件	江苏润和软件股份有限公司
300356.SZ	光一科技	光一科技股份有限公司
300402.SZ	宝色股份	南京宝色股份公司
300447.SZ	全信股份	南京全信传输科技股份有限公司
300528.SZ	幸福蓝海	幸福蓝海影视文化集团股份有限公司
300554.SZ	三超新材	南京三超新材料股份有限公司
300575.SZ	中旗股份	江苏中旗科技股份有限公司
300584.SZ	海辰药业	南京海辰药业股份有限公司
300585.SZ	奥联电子	南京奥联汽车电子电器股份有限公司
300598.SZ	诚迈科技	诚迈科技（南京）股份有限公司
300618.SZ	寒锐钴业	南京寒锐钴业股份有限公司
300631.SZ	久吾高科	江苏久吾高科技股份有限公司
300644.SZ	南京聚隆	南京聚隆科技股份有限公司

表 1—14　2020 年末南京上市公司名单（续表 1）

证券代码	证券简称	公司中文名称
一、境内上市		
300670.SZ	大烨智能	江苏大烨智能电气股份有限公司
300725.SZ	药石科技	南京药石科技股份有限公司
300742.SZ	越博动力	南京越博动力系统股份有限公司
600064.SH	南京高科	南京高科股份有限公司
600122.SH	*ST 宏图	江苏宏图高科技股份有限公司
600128.SH	弘业股份	江苏弘业股份有限公司
600250.SH	南纺股份	南京纺织品进出口股份有限公司
600268.SH	国电南自	国电南京自动化股份有限公司
600280.SH	*ST 中商	南京中央商场（集团）股份有限公司
600282.SH	南钢股份	南京钢铁股份有限公司
600287.SH	江苏舜天	江苏舜天股份有限公司
600358.SH	*ST 联合	国旅联合股份有限公司
600377.SH	宁沪高速	江苏宁沪高速公路股份有限公司
600406.SH	国电南瑞	国电南瑞科技股份有限公司
600501.SH	航天晨光	航天晨光股份有限公司
600533.SH	栖霞建设	南京栖霞建设股份有限公司
600562.SH	国睿科技	国睿科技股份有限公司
600682.SH	南京新百	南京新街口百货商店股份有限公司
600710.SH	苏美达	苏美达股份有限公司
600713.SH	南京医药	南京医药股份有限公司
600716.SH	凤凰股份	江苏凤凰置业投资股份有限公司
600775.SH	南京熊猫	南京熊猫电子股份有限公司
600889.SH	南京化纤	南京化纤股份有限公司
600901.SH	江苏租赁	江苏金融租赁股份有限公司
600919.SH	江苏银行	江苏银行股份有限公司
600959.SH	江苏有线	江苏省广电有线信息网络股份有限公司
600970.SH	中材国际	中国中材国际工程股份有限公司
600981.SH	汇鸿集团	江苏汇鸿国际集团股份有限公司
601007.SH	金陵饭店	金陵饭店股份有限公司
601009.SH	南京银行	南京银行股份有限公司
601688.SH	华泰证券	华泰证券股份有限公司
601860.SH	紫金银行	江苏紫金农村商业银行股份有限公司

表 3—1　人口主要指标

指　　标	2020 年	2019 年	2020 年为上年%
一、户籍人口情况			
总户数（户）	2605092	2525577	103.1
总人口（人）	7225706	7098169	101.8
按性别分：			
男（人）	3586420	3528016	101.7
女（人）	3639286	3570153	101.9
性别比（以女性为 100）	98.55	98.82	99.7
迁入人口（人）	147722	152509	96.9
迁出人口（人）	44062	52193	84.4
出生人口（人）	67957	67572	100.6
出生率（‰）	9.49	9.61	
死亡人口（人）	43007	38533	111.6
死亡率（‰）	6.00	5.48	
自然增长人口（人）	24950	29039	85.9
自然增长率（‰）	3.49	4.13	
二、全市常住人口（万人）	931.97	928.16	100.4

注：本表户籍资料根据市公安局提供的户籍数据编制。

表 3—2　结婚及离婚登记情况

指　　标	2020 年	2019 年
结婚登记（对）	68014	74728
内地居民登记结婚初婚人数（人）	88305	86080
内地居民登记结婚再婚人数（人）	47723	63376
恢复结婚件数（件）	15954	17975
离婚登记（对）	49043	53335

注：本表根据市民政局提供的资料编制。

表 3—3　收养登记情况

计量单位：人

指　　标	2020 年	2019 年
一、收养人合计	39	46
二、被收养人情况		
1、社会福利机构抚养的孤儿	12	19
2、社会福利机构抚养的弃婴	22	
3、社会弃婴	1	25
4、父母无力抚养的儿童		
5、其他	4	2

注：本表数据不含省属口径，由市民政局提供。

2021' NANJING STATISTICAL YEARBOOK 2021' NANJING STATISTICAL YEARBOOK 2021' NANJING STATISTICAL YEARBOOK 2021' NANJING STATISTICAL YEARBOOK

（四）人民生活

CHAPTER 4
PEOPLE'S LIVELIHOOD

表 4—1 城镇居民家庭生活基本情况

指　　标	2020 年	2019 年	2020 年为上年%
平均每户家庭常住人口（人）	2.84	2.83	100.4
平均每户就业人员（人）	1.47	1.48	99.3
每一就业者负担人口（包括本人）（人）	1.93	1.91	101.0
平均每户就业面（%）	51.8	52.3	99.0
平均每人年可支配收入（元）	67553	64372	104.9
平均每人年消费支出（元）	35854	35933	99.8
人均现住房建筑面积（平方米）	40.5	40.3	100.5

表 4—2 城镇居民家庭全年人均可支配收入

计量单位：元

指　　标	2020 年	2019 年	2020 年为上年%	各项收入占可支配收入比重（%）	
				2020 年	2019 年
可支配收入	67553	64372	104.9	100	100
（一）工资性收入	41764	39928	104.6	61.8	62.1
（二）经营净收入	6904	6790	101.7	10.2	10.5
（三）财产净收入	7359	7002	105.1	10.9	10.9
（四）转移净收入	11526	10652	108.2	17.1	16.5

注：城镇居民人均可支配收入按照五等份分组，低收入组为 33460 元、中等偏下收入组为 48868 元、中等收入组为 62046 元、中等偏上收入组为 79832 元、高收入组为 126720 元。

表 4—3 城镇居民家庭全年人均消费支出

计量单位：元

指　　标	2020 年	2019 年	2020 年为上年%	各项费用占消费支出比重(%)	
				2020 年	2019 年
消费支出合计	35854	35933	99.8	100.0	100.0
一、食品烟酒	9203	9072	101.4	25.7	25.3
# 食品	6149	5871	104.7	17.2	16.3
烟酒	984	938	104.9	2.7	2.6
二、衣着	2362	2455	96.2	6.6	6.8
三、居住	8369	7933	105.5	23.3	22.1
四、生活用品及服务	2223	2047	108.6	6.2	5.7
五、交通通信	4751	4529	104.9	13.3	12.6
六、教育文化娱乐	5725	6759	84.7	16.0	18.8
七、医疗保健	2175	2090	104.1	6.1	5.8
八、其他用品和服务	1046	1048	99.8	2.9	2.9

表 4—4 城镇居民家庭平均每百户年末耐用消费品拥有量

指　　标	2020 年	2019 年
家用汽车（辆）	64.3	61.7
摩托车（辆）	8.5	8.4
助力车（辆）	78.4	74.7
洗衣机（台）	103.2	103.0
电冰箱（柜）（台）	111.4	110.6
微波炉（台）	92.3	91.4
彩色电视机（台）	166.9	165.2
空调（台）	255.5	254.5
热水器（台）	116.2	115.4
洗碗机（台）	3.5	2.9
排油烟机（台）	94.6	94.2
固定电话（部）	23.6	24.5
移动电话（部）	246.6	245.0
其中：接入互联网	231.5	220.5
计算机（台）	101.4	104.9
其中：接入互联网	94.9	97.2
照相机（架）	32.8	32.9
中高档乐器（部）	17.0	16.8
健身器材（部）	15.2	13.4

表4—5　农村居民家庭生活基本情况

指　　标	2020年	2019年	2020年为上年%
平均每户家庭常住人口（人）	3.12	3.11	100.3
平均每户就业人员（人）	1.95	1.95	100.0
每一就业者负担人口（包括本人）（人）	1.60	1.60	100.0
平均每户就业面（%）	62.5	62.6	99.8
平均每人年可支配收入（元）	29621	27636	107.2
平均每人年消费支出（元）	19421	19980	97.2
人均现住房建筑面积（平方米）	64.4	63.2	101.9

表4—6　农村居民家庭全年人均可支配收入

计量单位：元

指　　标	2020年	2019年	2020年为上年%	各项收入占可支配收入比重%	
				2020年	2019年
可支配收入	29621	27636	109.4	100.0	100.0
（一）工资性收入	20107	18768	109.5	67.9	67.9
（二）经营净收入	4495	4285	107.3	15.1	15.5
（三）财产净收入	1467	1351	109.7	5.0	4.9
（四）转移净收入	3552	3232	111.5	12.0	11.7

表4—7 农村居民家庭全年人均消费支出

计量单位：元

指　　标	2020年	2019年	2020年为上年%	各项费用占消费支出比重（%）	
				2020年	2019年
消费支出合计	19421	19980	97.2	100.0	100.0
一、食品烟酒	5800	5709	101.6	29.9	28.6
# 食品	3191	3030	105.3	16.4	15.2
烟酒	1379	1344	102.6	7.1	6.7
二、衣着	1034	1085	95.3	5.3	5.4
三、居住	3984	3849	103.5	20.5	19.3
四、生活用品及服务	1317	1277	103.1	6.8	6.4
五、交通通信	2924	3240	90.2	15.1	16.2
六、教育文化娱乐	2589	3039	85.2	13.3	15.2
七、医疗保健	1156	1122	103.0	6.0	5.6
八、其他用品和服务	616	659	93.5	3.2	3.3

表4—8　农村居民家庭人均主要消费品购买量

指　　标	2020年	2019年
大米（公斤）	57.3	52.0
蔬菜和食用菌（公斤）	64.9	62.1
食用植物油（公斤）	8.4	7.4
豆类（公斤）	10.7	9.8
肉类（公斤）	29.0	28.8
禽类（公斤）	23.9	24.9
蛋类（公斤）	10.4	9.1
水产品（公斤）	19.6	21.2
糖果糕点类（公斤）	6.0	5.6
鲜瓜果（公斤）	44.5	46.7
卷烟（盒）	55.2	56.5

表 4—9　农村居民家庭平均每百户年末耐用消费品拥有量

指　　标	2020 年	2019 年
家用汽车（辆）	52.0	47.7
摩托车（辆）	31.1	31.3
助力车（辆）	121.3	118.5
洗衣机（台）	99.6	98.5
电冰箱（柜）（台）	124.1	123.5
微波炉（台）	81.7	80.4
彩色电视机（台）	166.7	166.5
空调（台）	205.0	200.9
热水器（台）	115.9	114.3
洗碗机（台）	1.1	1.1
排油烟机（台）	73.0	70.4
固定电话（部）	10.4	12.2
移动电话（部）	266.1	265.9
其中：接入互联网	229.6	207.4
计算机（台）	63.7	70.0
其中：接入互联网	57.4	62.3
照相机（架）	6.7	6.5
中高档乐器（部）	3.9	3.5
健身器材（部）	7.2	5.4

表 4—10　城镇非私营单位从业人员工资总额（2020 年）

指　　标	从业人员工资总额（万元）	在岗职工工资总　额	其他人员工资总　额	从业人员年平均人数（人）	从业人员年人均工资（元）
全　　市	27369781	26217449	1152332	2102854	130155
按登记注册类型分组					
国有单位	9142112	8957571	184540	468097	195304
城镇集体单位	345550	325771	19779	30630	112813
其他单位	17882119	16934107	948012	1604126	111476
有限责任公司	10345751	9613884	731867	1015030	101926
股份有限公司	3655720	3562538	93182	227615	160610
港、澳、台商投资	1098119	1076213	21906	104194	105392
外商投资	2407976	2339127	68849	215617	111678
其他	374553	342345	32208	41670	89885
按机构类型分组					
企业	18679042	17738046	940995	1652299	113049
事业	5518831	5358679	160152	282351	195460
机关	2728840	2711236	17604	121072	225390
民间非营利组织	437446	404867	32580	46454	94167
其他	5622	4621	1001	678	82935

表4—10　城镇非私营单位从业人员工资总额（2020年）（续表）

指　　标	从业人员工资总额（万元）	在岗职工工资总额	其他人员工资总额	从业人员年平均人数（人）	从业人员年人均工资（元）
按国民经济行业分组					
农、林、牧、渔业	6776	5780	995	786	86246
采矿业	26180	26180		1929	135717
制造业	4529382	4450574	78809	408751	110810
电力、热力、燃气及水生产和供应业	205501	204863	637	13455	152726
建筑业	2310010	1909600	400409	321894	71763
批发和零售业	1696700	1655914	40786	155371	109203
交通运输、仓储和邮政业	1079621	1059254	20367	93009	116077
住宿和餐饮业	349959	334265	15694	63363	55231
信息传输、软件和信息技术服务业	3143593	3087225	56367	175292	179335
金融业	1850802	1839882	10919	71626	258399
房地产业	786374	758600	27774	89821	87549
租赁和商务服务业	1186040	929003	257036	145842	81324
科学研究和技术服务业	1514351	1489599	24752	89563	169082
水利、环境和公共设施管理业	191562	187384	4177	20194	94859
居民服务、修理和其他服务业	82513	80308	2204	10444	79001
教育	3196311	3119969	76342	182547	175096
卫生和社会工作	1850569	1745449	105120	98567	187747
文化、体育和娱乐业	387185	381565	5620	26340	146994
公共管理、社会保障和社会组织	2976354	2952033	24320	134059	222019

表 4—11　城镇非私营单位在岗职工工资总额及平均工资（2020 年）

指　　标	在岗职工 工资总额（万元）	在岗职工 年平均人数（人）	在岗职工 年人均工资（元）
全　　市	26217449	1899740	138005
按登记注册类型分组			
国有单位	8957571	447555	200145
城镇集体单位	325771	27659	117780
其他单位	16934107	1424526	118875
有限责任公司	9613884	875546	109804
股份有限公司	3562538	208487	170876
港、澳、台商投资	1076213	97481	110403
外商投资	2339127	206071	113511
其他	342345	36941	92673
按机构类型分组			
企业	17738046	1472987	120422
事业	5358679	266948	200739
机关	2711236	117738	230276
民间非营利组织	404867	41538	97469
其他	4621	529	87420

表 4—11　城镇非私营单位在岗职工工资总额及平均工资（2020 年）（续表）

指　　标	在岗职工 工资总额（万元）	在岗职工 年平均人数（人）	在岗职工 年人均工资（元）
按国民经济行业分组			
农、林、牧、渔业	5780	543	106499
采矿业	26180	1929	135717
制造业	4450574	400047	111251
电力、热力、燃气及水生产和供应业	204863	13347	153486
建筑业	1909600	245404	77815
批发和零售业	1655914	148541	111479
交通运输、仓储和邮政业	1059254	89754	118018
住宿和餐饮业	334265	54893	60894
信息传输、软件和信息技术服务业	3087225	170191	181398
金融业	1839882	69872	263321
房地产业	758600	82240	92242
租赁和商务服务业	929003	89141	104217
科学研究和技术服务业	1489599	86326	172554
水利、环境和公共设施管理业	187384	19578	95710
居民服务、修理和其他服务业	80308	10113	79407
教育	3119969	173784	179531
卫生和社会工作	1745449	89232	195609
文化、体育和娱乐业	381565	25075	152171
公共管理、社会保障和社会组织	2952033	129730	227552

表4—12　城镇非私营单位主要年份在岗职工工资总额及平均工资

年　份	工资总额（万元）	#国有经济单位	#城镇集体经济单位	平均工资（元）	#国有经济单位	#城镇集体经济单位
1955	10448	10448		571	571	
1960	23800	23800		548	548	
1965	23054	23054		646	646	
1970	23164	23164		582	582	
1975	40954	30648	10306	546	587	452
1978	54649	41693	12956	560	615	441
1980	80362	58272	22090	730	785	616
1985	156556	104749	40143	1131	1193	996
1990	334781	253640	74359	2349	2514	1917
1995	1043754	800055	162415	7016	7589	5024
1997	1280823	1004362	166228	8847	9516	6004
1998	1343146	1016523	164861	9449	10059	6134
1999	1440432	941202	144030	10295	10779	6324
2000	1576409	1027036	134553	11897	12512	6815
2005	2716059	1482115	87548	25215	27922	12783
2007	3439839	1838467	99769	31905	36721	16620
2008	4076177	2209308	120106	36092	44880	20134
2009	4894546	2571369	142014	40134	50486	23225
2010	5703903	2897621	151423	45444	57373	26855
2011	7240564	3364479	154763	54713	67976	37105
2012	8456679	3847272	197582	60404	74560	43474
2013	13443124	3562962	157893	66381	81781	53890
2014	14998353	4114922	167717	72818	88295	61369
2015	16122677	4580666	154756	81075	95963	69103
2016	17231399	5284333	154917	90191	111820	76037
2017	18978397	5879289	154231	101503	129986	86052
2018	21906990	6233802	180967	111071	158382	107680
2019	24161015	7460586	194391	124896	178102	99296
2020	26217449	8957572	325771	138005	200145	117780

注：2012年开始，城镇非私营单位离岗职工（离开本单位仍保留劳动关系，并定期领取生活费的人员）不包括在从业人员统计中，故原职工工资统计口径由原“在岗+离岗”改为“在岗+劳务派遣”。

表 4—13　主要年份人民生活主要指标

计量单位：元

年　　份	城镇居民人均可支配收入	农村居民人均可支配收入
1980	487	
1985	823	530
1990	1591	970
1995	4996	2471
1997	6497	3533
1998	7018	3724
1999	7694	3862
2000	8233	4062
2002	9157	4579
2005	14997	6225
2007	20317	8020
2008	23123	8951
2009	25504	9858
2010	28312	11128
2011	32200	13108
2012	36322	14786
2013	39115	16011
2014	42568	17661
2015	46104	19483
2016	49997	21156
2017	54538	23133
2018	59308	25263
2019	64372	27636
2020	67553	29621

注：从 2013 年开始，经国务院同意，国家统计局对长期分开进行的城镇住户调查和农村住户调查实施了一体化改革。按照城乡常住人口现状，统一调查指标、统一抽样方法、统一调查过程、统一数据处理和统一数据发布，建立了城乡一体化住户收支调查制度，并在全国统一实施。指标名称、城乡划分范围和指标口径同时发生了变化，下同。

表4—13　主要年份人民生活主要指标（续表）

年　份	城乡居民人均消费支出（元）		城乡居民人均现住房建筑面积（平方米）	
	城镇	农村	城镇	农村
2000	7047	2498		33.8
2001	7326	2518		35.1
2002	7323	2590	20.0	35.6
2003	7725	3153	22.1	37.1
2004	8350	3619	21.6	37.6
2005	10704	4376	24.3	42.9
2006	12234	5512	25.2	44.7
2007	13278	6180	26.1	45.9
2008	15133	7033	26.9	47.1
2009	16339	7588	27.0	48.9
2010	18156	9956	27.4	49.9
2011	20763	8477	29.1	58.1
2012	23493	11114	29.6	58.1
2013	24129	12392	30.2	54.6
2014	25855	12818	36.3	55.4
2015	27794	14041	36.5	56.2
2016	29772	15773	36.7	56.6
2017	31385	17155	39.8	56.9
2018	33537	18457	40.1	57.6
2019	35933	19980	40.3	63.2
2020	35854	19421	40.5	64.4

主要统计指标解释

可支配收入 指调查户在调查期内获得的，可用于最终消费支出和储蓄的总和，即调查户可以用来自由支配的收入。可支配收入既包括现金，也包括实物收入。按照收入的来源，可支配收入包含四项，分别为：工资性收入、经营净收入、财产净收入和转移净收入。可以根据调查对象范围的不同，分为全体居民可支配收入、城镇居民可支配收入和农村居民可支配收入。

消费支出 指住户用于满足家庭日常生活消费需要的全部支出,包括用于消费品的支出和用于服务性消费的支出。根据用途不同，消费支出可划分为食品烟酒、衣着、居住、生活用品及服务、交通通信、 教育文化娱乐、医疗保健、其他用品及服务八大类。可以根据调查对象范围的不同，分为全体居民消费支出、城镇居民消费支出和农村居民消费支出。

城乡居民储蓄存款余额 指某一时点城乡居民存入银行及农村信用社的储蓄金额，包括城镇居民储蓄存款和农民个人储蓄存款，不包括居民的手存现金和工矿企业、部队、机关、团体等单位存款。

从业人员工资总额 根据《关于工资总额组成的规定》（1990 年 1 月 1 日国家统计局一号令）进行修订，本单位在报告期内（季度或年报）直接支付给本单位全部从业人员的劳动报酬总额。工资总额包括计时工资、计件工资、奖金、津贴和补贴、加班加点工资、特殊情况下支付的工资，是在岗职工工资总额、劳务派遣人员工资总额和其他从业人员工资总额之和。

工资总额是税前工资，包括单位从个人工资中直接为其代扣或代缴的房费、水费、电费、住房公积金和社会保险基金个人缴纳的部分等。

工资总额不论是计入成本的还是不计入成本的，不论是以货币形式支付的还是以实物形式支付的，均应列入工资总额的计算范围。

从业人员平均工资 指平均每人所得的工资额。指本单位从业人员在报告期内平均每人所得的工资额。

计算公式为：从业人员平均工资＝报告期从业人员工资总额÷报告期从业人员平均人数

（五）价格指数

CHAPTER 5
PRICE INDICES

表 5—1 工业生产者出厂价格指数

指 标	2020 年（以上年价格为 100）	2019 年（以上年价格为 100）
总指数	99.1	97.9
# 轻工业	101.9	101.2
重工业	98.4	97.2
# 生产资料	97.3	96.7
生活资料	103.3	101.0
按工业行业大类分		
黑色金属矿采选业	100.0	100.0
有色金属矿采选业	88.7	87.2
非金属矿采选业	100.0	100.0
农副食品加工业	102.5	96.9
食品制造业	101.5	100.4
酒、饮料和精制茶制造业	101.3	99.5
烟草制品业	100.6	102.4
纺织业	95.8	99.4
纺织服装、服饰业	100.8	101.3
皮革、毛皮、羽毛及其制品和制鞋业	95.9	101.2
木材加工和木、竹、藤、棕、草制品业	99.8	99.9
家具制造业	102.3	98.9
造纸和纸制品业	89.5	95.4
印刷和记录媒介复制业	99.4	99.7
文教、工美、体育和娱乐用品制造业	105.5	106.4
石油加工、炼焦和核燃料加工业	82.5	95.9

表5—1 工业生产者出厂价格指数（续表）

指　　标	2020年 （以上年价格为100）	2019年 （以上年价格为100）
化学原料和化学制品制造业	89.6	92.3
医药制造业	101.5	101.5
化学纤维制造业	87.5	92.3
橡胶和塑料制品业	99.1	100.6
非金属矿物制品业	102.0	106.9
黑色金属冶炼和压延加工业	101.3	93.8
有色金属冶炼和压延加工业	99.9	97.3
金属制品业	104.7	104.5
通用设备制造业	97.5	99.3
专用设备制造业	101.1	100.9
汽车制造业	103.3	100.1
铁路、船舶、航空航天和其他运输设备制造业	100.3	99.7
电气机械和器材制造业	97.5	95.4
计算机、通信和其他电子设备制造业	106.4	97.9
仪器仪表制造业	101.3	101.0
其他制造业	93.2	100.1
废弃资源综合利用业	96.8	104.1
金属制品、机械和设备修理业	100.0	100.0
电力、热力生产和供应业	96.5	95.2
燃气生产和供应业	98.0	97.6
水的生产和供应业	100.5	101.9

表 5—2　居民消费价格指数

指　　标	2020 年 （以上年价格为 100）	2019 年 （以上年价格为 100）
居民消费价格总指数	102.4	103.1
一、食品烟酒	109.4	107.3
粮　食	99.3	101.5
鲜　菜	113.8	105.7
畜　肉	135.6	128.3
水产品	106.3	99.9
蛋	94.1	110.7
鲜　果	97.1	112.3
二、衣着	97.6	102.3
三、居住	100.2	101.7
四、生活用品及服务	100.3	101.5
五、交通和通信	95.9	97.9
六、教育文化和娱乐	101.3	104.4
七、医疗保健	99.7	100.7
八、其他用品和服务	108.0	104.3

表 5—3　商品零售价格指数

指　　标	2020 年（以上年价格为 100）	2019 年（以上年价格为 100）
商品零售价格总指数	101.4	102.1
一、食品	110.7	108.3
粮　食	99.4	101.5
鲜　菜	113.8	105.7
畜　肉	136.3	128.9
水产品	106.4	99.9
蛋	94.1	110.7
鲜　果	97.1	112.3
二、饮料、烟酒	102.0	102.1
三、服装、鞋帽	97.4	102.3
四、纺织品	101.3	99.2
五、家用电器及音像器材	97.9	100.4
六、文化办公用品	103.9	103.8
七、日用品	100.3	100.1
八、体育娱乐用品	100.2	99.9
九、交通、通信用品	99.8	98.7
十、家具	100.6	102.7
十一、化妆品	100.8	104.2
十二、金银珠宝	117.5	108.4
十三、中西药品及医疗保健用品	98.9	102.0
十四、书报杂志及电子出版物	106.8	104.9
十五、燃料	91.0	97.5
十六、建筑材料及五金电料	97.3	99.6

表 5—4 主要年份价格指数

（以上年价格为 100）

年　份	城市居民消费价格指数	城市商品零售价格指数
1952	99.4	99.3
1957	102.2	102.5
1962		100.4
1965		97.3
1970		
1975	99.8	99.9
1978		107.4
1979	101.1	101.1
1980	104.9	105.0
1985	110.1	110.5
1990	105.3	104.4
1995	115.1	111.2
1997	99.7	97.6
1998	100.0	98.2
1999	98.6	97.1
2000	100.0	99.2
2005	102.1	96.7
2008	106.2	103.7
2009	100.1	98.7
2010	104.2	103.5
2011	105.4	104.2
2012	102.7	101.4
2013	102.7	101.2
2014	102.6	102.0
2015	102.0	100.6
2016	102.7	100.5
2017	101.9	101.6
2018	102.4	102.8
2019	103.1	102.1
2020	102.4	101.4

注：本表 1978 年前数据为国营商业牌价。

表 5—4 主要年份价格指数（续表）

（以上年价格=100）

年 份	工业生产者出厂价格指数	按生产生活部门分组	
		生产资料	生活资料
2003	103.7	104.7	99.3
2004	107.1	109.3	99.8
2005	101.7	102.6	98.8
2006	99.0	98.9	99.9
2007	101.6	101.8	100.3
2008	105.5	106.1	102.3
2009	90.8	89.1	100.1
2010	105.6	106.8	100.6
2011	104.3	105.0	100.9
2012	97.3	96.7	100.5
2013	97.0	96.5	99.6
2014	97.3	97.0	98.9
2015	90.5	89.1	97.1
2016	97.7	97.6	98.2
2017	103.4	105.1	98.8
2018	102.5	103.8	99.2
2019	97.9	96.7	101.0
2020	99.1	97.3	103.3

主要统计指标解释

工业生产者价格指数　是通过调查收集部分代表企业的代表产品的价格变动资料进行加权计算的相对数，以反映工业产品价格变动趋势和变动程度。

居民消费价格指数　是度量一组代表性消费品及服务项目价格水平随着时间而变动的相对数，反映居民家庭购买的消费品及服务价格水平的变动情况。它是宏观经济分析和决策、价格总水平监测和调控以及国民经济核算的重要指标。其按年度计算的变动率通常被用来作为反映通货膨胀（或紧缩）程度的指标。

商品零售价格指数　是反映城乡商品零售价格变动趋势的一种经济指数。零售物价的调整变动直接影响到城乡居民的生活支出和国家的财政收入，影响居民购买力和市场供需平衡，影响消费与积累的比例。因此，计算零售价格指数，可以从一个侧面对上述经济活动进行观察和分析。

（六）农业

CHAPTER 6 AGRICULTURE

表 6—1　农村组织情况和从业人员情况（2020 年）

指　　标	全　市	江北新区直管区	浦　口	栖　霞	雨花台	江　宁
一、农村基层组织情况（个）						
村委会个数	325	9	26	29		73
村民小组个数	12066	377	986	342	182	3733
二、农村人口、从业人员资源及主要行业分布						
乡村户数（万户）	63.64	2.50	6.07	2.08	0.71	15.27
乡村人口数（万人）	194.78	7.18	19.12	6.37	1.85	46.15
劳动年龄内人口数（万人）	114.16	3.96	11.23	3.83	1.06	28.71
# 劳动年龄内上学的人口数	5.87	0.23	0.74	0.20	0.14	1.44
超过劳动年龄而实际参加劳动的人数	11.75	0.42	1.24	0.38	0.08	2.59
乡村实有从业人员合计（万人）	111.72	3.65	9.48	3.71	0.98	28.07
男从业人员	59.57	1.95	5.04	1.98	0.53	14.51
女从业人员	52.15	1.70	4.44	1.73	0.45	13.56
农林牧渔业从业人员（万人）	21.08	0.52	1.70	0.93	0.06	5.04
# 种植业从业人员	15.89	0.43	1.23	0.89	0.01	4.22
工业从业人员（万人）	34.87	1.28	2.75	1.28	0.42	10.89
建筑业从业人员（万人）	23.22	0.44	1.50	0.37	0.09	4.77
交通运输业、仓储业和邮政业从业人员（万人）	6.64	0.20	0.71	0.22	0.09	1.47
信息传输、计算机服务和软件业从业人员（万人）	1.49	0.08	0.16	0.03	0.03	0.39
批发与零售业从业人员（万人）	7.91	0.27	0.85	0.26	0.10	1.76
住宿与餐饮业从业人员（万人）	4.60	0.17	0.49	0.11	0.05	1.10
金融、保险业从业人员（万人）	0.82	0.05	0.10	0.02	0.01	0.20
其他从业人员（万人）	11.09	0.64	1.22	0.49	0.13	2.45

表6—1 农村组织情况和从业人员情况（2020年）（续表）

指 标	六 合	溧 水	高 淳
一、农村基层组织情况（个）			
村委会个数	47	37	104
村民小组个数	2527	2153	1766
二、农村人口、从业人员资源及主要行业分布			
乡村户数（万户）	13.39	10.90	12.72
乡村人口数（万人）	43.56	32.75	37.80
劳动年龄内人口数（万人）	26.33	18.32	20.72
# 劳动年龄内上学的人口数	1.20	0.95	0.97
超过劳动年龄而实际参加劳动的人数（万人）	2.63	1.74	2.67
乡村实有从业人员合计（万人）	25.81	18.18	21.84
男从业人员	13.74	10.24	11.58
女从业人员	12.07	7.94	10.26
农林牧渔业从业人员（万人）	5.09	3.66	4.08
# 种植业从业人员	4.46	2.76	1.89
工业从业人员（万人）	6.90	5.67	5.68
建筑业从业人员（万人）	5.82	3.59	6.64
交通运输业、仓储业和邮政业从业人员（万人）	1.34	1.02	1.59
信息传输、计算机服务和软件业从业人员 （万人）	0.23	0.28	0.29
批发与零售业从业人员（万人）	2.09	1.30	1.28
住宿与餐饮业从业人员（万人）	1.28	0.63	0.77
金融、保险业从业人员（万人）	0.14	0.16	0.14
其他从业人员（万人）	2.92	1.87	1.37

表6—2　农、林、牧、渔业总产值（现价）（2020年）

计量单位：万元

指　　标	合　计	农　业	林　业	牧　业	渔　业	农林牧渔服务业
全　　市	4898428	2576352	210529	280142	1469004	362401
增长（%）	1.2	6.3	1.6	14.4	-7.1	6.8
# 江北新区直管区	102680	79926	1882	6630	9438	4804
浦口区	755103	392011	55243	43984	204487	59378
栖霞区	113190	79792	906	16252	10210	6030
雨花台区	5248	749	3670		829	
江宁区	1186115	709464	34261	54589	292671	95130
六合区	1093126	640479	57051	71780	250376	73440
溧水区	832720	474700	35020	52750	200100	70150
高淳区	810246	199231	22496	34157	500893	53469

注：增长速度按可比价计算。

表6—3　农、林、牧、渔业增加值（现价）（2020年）

计量单位：万元

指　　标	合　计	农　业	林　业	牧　业	渔　业	农林牧渔服务业
全　　市	3179016	1927683	120041	124509	795773	211010
# 江北新区直管区	70612	59426	590	4138	3457	3001
浦口区	492379	301123	31745	18359	105044	36108
栖霞区	81375	63540	495	7790	6390	3160
雨花台区	2915	498	1983		434	
江宁区	759359	481017	20919	27367	175979	54077
六合区	727978	501790	32102	29470	121394	43222
溧水区	543065	362250	19900	21625	100400	38890
高淳区	501333	158039	12307	15760	282675	32552

表 6—4　农业机械化、农业化学化、农田水利化情况（2020 年）

指　　标	计量单位	2020 年
一、农业机械化情况		
农用机械总动力合计	万千瓦	235.25
柴油发动机动力	万千瓦	154.95
汽油发动机动力	万千瓦	6.93
电动机动力	万千瓦	73.37
其他机械动力	万千瓦	
（一）耕作机械		
大型及以上拖拉机	台	740
大型及以上拖拉机动力	万千瓦	5.46
中型拖拉机	台	4144
中型拖拉机动力	万千瓦	20.65
小型拖拉机	台	17398
小型拖拉机动力	万千瓦	16.23
拖拉机配套农具	部	39929
#与 58.8 千瓦及以上拖拉机配套	部	6769
（二）农用排灌机械		
农用水泵	万台	6.45
节水灌溉机械	套	5303
#田园管理机	台	1804
田园管理机动力	万千瓦	0.85
（三）收获机械		
谷物联合收割机	台	2705
机动割晒机	台	
其他收获机械	台	4888
#秸秆粉碎还田机	台	4393
机动脱粒机	台	234
干燥机械	台	1087

注：本表数据来源于市农业农村局。

表 6—4　农业机械化、农业化学化、农田水利化情况（2020 年）（续表 1）

指　　标	计量单位	2020 年
（四）田间管理机械		
机动植保机械	台	13422
机动植保机械动力	万千瓦	4.16
（五）林果业机械		
茶树修剪机	台	2177
果树修剪机	台	1545
（六）畜牧养殖机械	台	3987
（七）水产机械	台	41638
（八）农副产品初加工动力机械	台	8375
农副产品初加工动力机械动力	万千瓦	11.36
# 柴油机	台	1947
柴油机动力	万千瓦	2.69
电动机	台	6413
电动机动力	万千瓦	8.62
（九）农副产品初加工作业机械	台	11001
# 粮食加工机械	台	4860
棉花加工机械	台	1632
油料加工机械	台	707
（十）其他农业机械		
农田基本建设机械	台	1479
农田基本建设机械动力	万千瓦	8.48

注：本表数据来源于市农业农村局。

表6—4 农业机械化、农业化学化、农田水利化情况（2020年）（续表2）

指　　标	计量单位	2020年
二、农业主要能源及物资消耗		
农村用电量	万千瓦小时	319623
农用化肥使用量（按折纯法计算）	吨	53915
氮肥	吨	26023
磷肥	吨	4428
钾肥	吨	3558
复合肥	吨	19906
农用塑料薄膜使用量	吨	4580
# 地膜使用量	吨	2288
地膜覆盖面积	公顷	16111
农用柴油	吨	20967
农药使用量	吨	1165
三、农田水利建设情况		
耕地灌溉面积	千公顷	222.06
新增耕地灌溉面积	千公顷	0.93
新增节水灌溉面积	千公顷	0.50

注：耕地灌溉面积、新增有效灌溉面积、新增节水灌溉面积由市水务局提供。

表6—5　农业主要产品生产情况（全社会）（2020年）

指　　标	播种面积（千公顷）	每公顷产量（公斤）	总产量（吨）
农作物总播种面积	251.48		
一、粮食作物合计	134.91	7251	978252
（一）夏收粮食	41.05	5039	206859
1、夏收谷物	40.51	5068	205291
小麦	40.46	5069	205095
元麦			
大麦	0.05	3920	196
2、夏收豆类（蚕豌豆）	0.54	2904	1568
（二）秋收粮食	93.86	8219	771393
1、秋收谷物	87.26	8515	743023
稻谷	81.77	8656	707867
早稻			
中稻和一季晚稻	81.77	8656	707867
双季晚稻			
稻谷中：籼稻	26.88	8329	223923
粳稻	52.83	8839	466982
糯稻	2.06	8234	16962
玉米	5.37	6436	34542
谷子			
高粱	0.07	6000	420
其他谷物	0.05	4157	194
2、秋收豆类	4.35	2602	11328
大豆	4.10	2632	10801
绿豆	0.16	2194	351

表6—5 农业主要产品生产情况（全社会）（2020年）（续表）

指　　标	播种面积（千公顷）	每公顷产量（公斤）	总产量（吨）
其他豆类	0.09	1956	176
3、秋收薯类（按五折一计算）	2.25	7574	17042
二、油料合计	12.83	2492	31969
（一）花生	0.96	2810	2692
（二）油菜籽	11.24	2498	28065
（三）芝麻	0.63	1912	1212
（四）其他油料			
三、棉花（皮棉）	0.35	1177	415
四、麻类合计	0.20	2463	500
# 苎麻	0.20	2463	500
五、糖料合计	0.10	43686	4456
# 甘蔗	0.10	43686	4456
六、烟叶合计			
# 烤烟叶			
七、药材类合计	0.28		
八、蔬菜（含菜用瓜）	80.68	34674	2797380
九、瓜果类	6.08	33367	202736
# 西瓜	4.75	36227	172008
甜瓜	0.28	32367	9095
草莓	1.05	20662	21633
十、其他农作物	16.05		
# 青饲料	11.80		
绿肥	3.95		

表 6—6　茶叶、水果生产情况（2020 年）

指　　标	计量单位	2020 年
一、茶叶合计	吨	1406
红　茶	吨	7
绿　茶	吨	1393
白　茶	吨	
其它茶	吨	6
二、园林水果	吨	145165
1、苹果	吨	
# 红富士苹果	吨	
国光苹果	吨	
2、梨	吨	28775
# 雪花梨	吨	7800
鸭梨	吨	1713
3、柑桔类	吨	70
# 柑	吨	

注：本表数据来源于市农业农村局。

表 6—6　茶叶、水果生产情况（2020 年）（续表）

指　　标	计量单位	2020 年
4、其他园林水果	吨	116326
# 桃子	吨	27474
猕猴桃	吨	894
葡萄	吨	40995
枇杷	吨	
红枣（干折鲜 1：5）	吨	
柿子（干折鲜 1：5）	吨	3253
三、年末实有茶园面积	公顷	7932
# 当年采摘面积	公顷	7641
四、年末果园面积合计	公顷	14197
# 苹果园	公顷	
梨　园	公顷	1901
柑桔园	公顷	34
桃　园	公顷	3457
猕猴桃园	公顷	100
葡萄园	公顷	2396
五、年末实有桑园面积	公顷	

注：本表数据来源于市农业农村局。

表 6—7 林业生产情况（2020 年）

指 标	计量单位	2020 年
一、造林面积	公顷	2193
（一）按造林方式分		
1、人工造林	公顷	2193
2、飞播造林	公顷	
3、无林地和疏林地新封	公顷	
（二）按经济成份分		
1、公有经济造林	公顷	380
（1）国有经济造林	公顷	71
（2）集体经济造林	公顷	309
2、非公有经济造林	公顷	1813
（三）按林种用途分		
1、用材林	公顷	48
2、经济林	公顷	1636
3、防护林	公顷	509
4、薪炭林	公顷	
5、特种用途林	公顷	
二、森林抚育面积（中、幼龄林抚育）	公顷	6703
三、竹木采伐		
1、木材	立方米	87175
（1）原木	立方米	73167
（2）薪材	立方米	14008
2、竹材	根	605404
四、主要林产品产量		
1、油桐籽	吨	
2、油茶籽	吨	
3、乌柏籽	吨	
4、棕 片	吨	
5、竹笋干	吨	419
6、核 桃	吨	10
7、板 栗	吨	1192
8、银杏（白果）	吨	
9、花 椒	吨	
10、八 角	吨	
11、松 子	吨	

注：本表数据来源于市绿化园林局。

表 6—8　畜牧业主要产品生产情况（2020 年）

指　标	当年出栏头数	年末存栏头数	肉产量（吨）
一、大牲畜（万头）	0.12	0.44	238
# 从事农事劳役的			
1、牛	0.12	0.44	238
# 黄牛			
良种及改良乳牛		0.32	
水牛			
2、驴			
二、猪（万头）	37.55	21.40	28947
三、羊（万只）	3.44	2.82	368
1、山羊	3.05	2.49	
2、绵羊	0.39	0.33	
四、家禽（万只）	1364.46	629.18	22391
五、兔（万只）			

表 6—8　畜牧业主要产品生产情况（2020 年）（续表）

指　标	计量单位	2020 年
六、肉类总产量	吨	52058
七、奶类产量	吨	15662
# 牛奶产量	吨	15662
八、蜂蜜产量	吨	2179
九、禽蛋产量	吨	39777
十、蚕茧产量	吨	

表6—9　渔业生产情况（2020年）

指　　标	计量单位	2020年
水产品总产量	吨	160294
# 鱼类	吨	112745
虾蟹类	吨	40692
贝类	吨	6324
其他类	吨	533
# 内陆水域捕捞	吨	1093
内陆水域养殖	吨	159201
内陆水域养殖面积	千公顷	18.47
# 池塘养殖	千公顷	14.01
湖泊养殖	千公顷	
河沟养殖	千公顷	3.49
水库养殖	千公顷	0.74
其他养殖	千公顷	0.23

注：本表数据来源于市农业农村局。

表 6—10　主要年份农林牧渔业总产值（现价）

计量单位：万元

年份	合计	农业	林业	牧业	渔业	农林牧渔服务业
1978	61713	48846	1013	10943	911	
1980	77728	58761	1266	16009	1692	
1985	154358	101895	3897	41969	6597	
1990	308287	172537	4591	111029	20130	
1995	764367	510727	13068	168272	72300	
1997	942439	585783	16069	229413	111174	
1998	979644	586628	16834	247533	128649	
1999	989199	599064	19370	224822	145943	
2000	1063412	616473	24033	253261	169645	
2003	1325889	675733	18645	301214	244707	85590
2005	1553837	854544	19637	338746	293414	47496
2008	1940094	1051973	24505	400745	401579	61292
2009	2236617	1228116	30453	387016	477113	113919*
2010	2447531	1394403	31168	394385	506240	121335
2011	2835016	1624518	32153	470153	571982	136210
2012	3185439	1834683	33868	511676	654571	150641
2013	3513124	2052345	36620	520407	737894	165858
2014	3846279	2184996	198412	482330	798629	181912
2015	4152664	2399141	219509	461894	872752	199368
2016	4511638	2587494	242567	468297	993610	219670
2017	4706496	2689900	265918	407943	1102093	240642
2018	4508802	2388947	183773	255282	1405962	274838
2019	4725028	2407657	201697	243524	1538883	333267
2020	4898428	2576352	210529	280142	1469004	362401

注：2009 年农林牧渔服务业业产值根据第二次经济普查数据进行了调整，2018 年农林牧渔业总产值根据第四次经济普查数据进行了调整。

表 6—11　主要年份主要农产品产量

年　份	粮　食（万吨）	棉　花（吨）	油　料（吨）	麻　类（吨）	蚕　茧（吨）	园林水果（吨）
1949	37.84	836	9194	104	27	913
1950	49.53	892	10577	121	31	934
1955	72.44	2160	11024	595	118	1587
1960	45.84	656	7833	244	308	1448
1965	96.12	1825	10468	878	169	2887
1970	102.57	2360	9928	1693	565	4774
1975	120.44	2718	15841	2545	940	6492
1978	147.20	3621	21882	3593	797	5077
1980	138.01	5528	28025	2710	1095	9653
1985	173.70	4459	90542	9906	629	6802
1990	173.26	2392	96797	1727	487	8526
1995	168.57	3520	144872	1320	1127	13639
1997	182.51	4501	146179	1561	484	18530
1998	176.91	4838	106504	1631	580	18685
1999	169.77	3699	192144	1687	494	22032
2000	143.37	4461	220119	2318	536	23625
2005	96.54	5920	211685	4013	441	42495
2008	114.43	4327	133405	2709	431	79304
2009	110.69	4016	134144	2378	119	107016
2010	110.64	4135	117697	2008	170	85273
2011	112.06	4319	104859	1659	139	99358
2012	117.50	4113	106317	1710	85	119842
2013	116.95	4217	107872	1569	85	145135
2014	114.72	4175	114711	1130	33	157721
2015	114.06	3837	108415	857	11	154459
2016	108.04	3071	74337	673	2	155916
2017	102.71	2591	62749	648		163181
2018	106.92	1418	33404	592		170515
2019	96.56	1033	35845	509		168292
2020	97.83	415	31969	500		145165

主要统计指标解释

农林牧渔业总产值 指以货币表现的农、林、牧、渔业全部产品和对农业生产进行各种支持性服务活动的总量，它反映一定时期内农业生产总规模和总成果。从2003年开始农林牧渔业总产值执行新的国民经济行业分类标准，包括农业、林业、牧业、渔业、农林牧渔服务业，不再包括农民家庭兼营商品性工业。农林牧渔业总产值中的农、林、牧、渔四业的计算方法通常是按农、林、牧、渔业产品及其副产品的产量分别乘以各自单位产品价格求得，现行价格从2003年开始使用生产价格调查的价格；少数生产周期较长，当年没有产品或产品产量不易统计的，则采用间接方法匡算其产值；然后将四业产品产值与农林牧渔服务业产值相加即为农林牧渔业总产值。1957年以前的农林牧渔业总产值中包括了厩肥和农民自给性手工业（如农民自制衣服、鞋、袜，自己从事粮食初步加工等）。1958年及以后，林业中增加了村及村以下竹木采伐产值；牧业中取消了厩肥产值；副业中取消了农民自给性手工业产值，增加了村及村以下办的工业产值；渔业中增加了海洋捕捞水产品产值。1980年及以后，在副业中增加了农民家庭兼营工业商品部分的产值。从1984年起村及村以下工业产值划归工业。从1993年起取消副业，将野生动物的捕猎划入牧业、野生植物采集和农民家庭兼营商品性工业划归农业，从2003年起不再包括农民家庭兼营商品性工业产值。1996年第一次农业普查以后，由于畜牧业产品年报数据与普查数据之间存在一定的差距，国家统计局农调总队对畜牧业年报数据与普查数据进行衔接，相应的畜牧业产值进行调整。

粮食产量 指全社会的产量。包括国有经济经营的、集体统一经营的和农民家庭经营的粮食产量，还包括工矿企业办的农场和其他生产单位的产量。粮食除包括稻谷、小麦、玉米、高粱、谷子及其他杂粮外，还包括薯类和豆类。其产量计算方法，豆类按去豆荚后的干豆计算；薯类（包括甘薯和马铃薯，不包括芋头和木薯）1963年以前按每4公斤鲜薯折1公斤粮食计算，从1964年开始改为按5公斤鲜薯折1公斤粮食计算。城市郊区作为蔬菜的薯类（如马铃薯等）按鲜品计算，并且不作粮食统计。其他粮食一律按脱粒后的原粮计算。

棉花产量 指全社会的产量。包括春播棉和夏播棉。产量按皮棉计算。

油料产量 指全部油料作物的生产量。包括花生、油菜籽、芝麻、向日葵籽、胡麻籽（亚麻籽）和其他油料。不包括大豆、木本油料和野生油料。花生以带壳干花生计算。

水产品产量 指人工养殖的水产品和天然生长的水产品的捕捞量。包括海水的鱼类、虾蟹类、贝类和藻类以及内陆水域的鱼类、虾蟹类和贝类，不包括淡水水生植物。

猪、牛、羊肉产量 指当年出栏并已屠宰、除去头蹄下水后带骨肉（即胴体重）的重量。

期初（末）畜禽存栏头（只）数 指报告期初（末）农村各种合作经济组织和国营农场、农民个人、机关、团体、学校、工矿企业、部队等单位以及城镇居民饲养的大牲畜、猪、羊、家禽等畜禽的存栏数。

耕地面积 是指年初可用来种植农作物并经常进行耕种、能够正常收获的土地。包括当年实际耕种的熟地、当年新开荒地、休闲不满三年随时可以复耕的地和当年休闲地以及以种植农作物为主并附带种植桑树、茶树、果树和其他林木的土地、沿海、沿湖地区已围垦利用的“海涂”、“湖田”等面积。不包括临时种植农作物的坡度在25度以上的陡坡地、在河套、湖畔、库区临时开发的成片或零星土地，属于专业性的桑园、茶园、果园、果木苗圃、林地、芦苇地、天然或人工草地面积、也不包括已列为国家和省（区、市）退耕计划但临时耕种的土地。

农作物播种面积 指实际播种或移植有农作物的面积。凡是实际种植有农作物的面积，不论种植在耕地上还是种植在非耕地上，均包括在农作物播种面积中。在播种季节基本结束后，因遭灾而重新改种和补种的农作物面积，也包括在内。

有效灌溉面积 指具有一定的水源，地块比较平整，灌溉工程或设备已经配套，在一般年景下当年能够进行正常灌溉的耕地面积。在一般情况下，有效灌溉面积应等于灌溉工程或设备已经配备，能够进行正常灌溉的水田和水浇地面积之和。

农用化肥施用量 指本年内实际用于农业生产的化肥数量，包括氮肥、磷肥、钾肥和复合肥。化肥施用量要求按折纯量计算数量。折纯量是指把氮肥、磷肥、钾肥分别按含氮、含五氧化二磷、含氧化钾的百分之一百成份进行折算后的数量。复合肥按其所含主要成分折算。

农业机械总动力 指主要用于农、林、牧、渔业的各种动力机械的动力总和。包括耕作机械、排灌机械、收获机械、农用运输机械、植物保护机械、牧业机械、林业机械、渔业机械和其他农业机械〔内燃机按引擎马力折成瓦（特）计算、电动机按功率折成瓦（特）计算〕。不包括专门用于乡、镇、村、组办工业、基本建设、非农业运输、科学试验和教学等非农业生产方面用的动力机械与作业机械。

大中型拖拉机 指发动机额定功率在14.7千瓦（含14.7千瓦即20马力）以上的拖拉机，有链轨式和轮式两种。

小型拖拉机 指发动机额定功率在2.2千瓦（含2.2千瓦）以上，小于14.7千瓦的拖拉机，包括小四轮与手扶式。

拖拉机配套农具 指由拖拉机牵引或悬挂的田间移动作业机具，例如：机引犁、拖耕机、机引耙、播种机等农具。与大中型拖拉机配套使用的农具称为大中型拖拉机配套农具，与小型拖拉机配套使用的农具称为小型拖拉机配套农具。

农林牧渔业劳动力 指全社会直接参加农林牧渔业生产活动的劳动力。

（七）工业和能源

CHAPTER 7
INDUSTRY AND ENERGY

表 7—1　规模以上工业企业主要经济指标（2020 年）

计量单位：万元

指　　标	企业单位数（个）	#亏损企业	资产总计	流动资产	固定资产原价	累计折旧
总　　计	3231	561	144593970	85724037	68531853	34446521
一、按经济类型分组：						
内资企业	2685	439	103792141	61713790	41551573	20873915
国有企业	33	6	5287843	2629460	2481278	962802
集体企业	6		22970	20749	3161	1277
股份合作企业	2		6370	5384	3092	2191
联营企业	3		15088	9690	13802	9127
有限责任公司	447	93	41200432	24407396	19164627	9534340
股份有限公司	111	21	24338707	11760076	11819648	6747689
私营企业	2081	318	32888472	22858579	8045580	3605065
其他企业	2	1	32258	22456	20386	11425
港、澳、台商投资企业	183	40	12872126	7636236	6835334	2731735
外商投资企业	363	82	27929703	16374011	20144945	10840870
二、在总计中：国有控股	263	43	55966784	28094664	35129603	18682537
三、按轻重工业分组：						
轻工业	853	183	27181676	17273983	9159740	3974290
重工业	2378	378	117412294	68450053	59372112	30472230
四、按企业规模分组：						
大型企业	80	10	64383542	36553048	39535829	21415970
中型企业	311	53	38352759	21616528	14782270	6885186
小微企业	2840	498	41857668	27554460	14213754	6145365
五、按工业行业分组						
采矿业	3	1	984886	363755	1202988	744394
煤炭开采和洗选业						
石油和天然气开采业	1		939313	334778	1170886	723407
黑色金属矿采选业						
有色金属矿采选业	2	1	45573	28976	32102	20987
非金属矿采选业						
开采专业及辅助性活动						
其他采矿业						

表7—1　规模以上工业企业主要经济指标（2020年）（续表1）

计量单位：万元

指　标	企业单位数（个）	#亏损企业	资产总计	流动资产	固定资产原价	累计折旧
制造业	3162	552	134686356	82708317	60556713	30818641
农副食品加工业	46	14	877924	509659	308455	104156
食品制造业	64	16	1464643	1017392	557883	298139
酒、饮料和精制茶制造业	16	2	476318	241803	382258	209978
烟草制品业	1		2749884	2313810	609690	318988
纺织业	18	6	268265	168057	207042	136129
纺织服装、服饰业	109	29	1792334	878906	343569	164578
皮革、毛皮、羽毛及其制品和制鞋业	11	5	111114	88385	27631	15811
木材加工和木、竹、藤、棕、草制品业	15	2	55019	45390	13347	5869
家具制造业	23	3	418729	185992	152288	37069
造纸和纸制品业	24	3	354302	201179	211761	87461
印刷和记录媒介复制业	54	9	598932	337369	421347	242705
文教、工美、体育和娱乐用品制造业	49	13	244909	182947	82238	38614
石油、煤炭及其他燃料加工业	8		3020690	1221015	2817893	1746981
化学原料和化学制品制造业	160	22	15455251	6948950	14755348	8625529
医药制造业	103	23	6470598	4212728	1380655	530172
化学纤维制造业	14	1	490570	212424	220144	139248
橡胶和塑料制品业	153	26	1823100	1147008	928807	448815
非金属矿物制品业	226	46	4905016	3425130	1740778	763893
黑色金属冶炼和压延加工业	27	2	10832996	4891969	7975778	4508314
有色金属冶炼和压延加工业	35	5	1251904	731798	152764	78773
金属制品业	232	30	2780436	2074061	1004870	543383
通用设备制造业	336	44	9115290	6660183	2619057	1182098
专用设备制造业	318	40	5300401	4084484	1104714	428012
汽车制造业	201	55	11758586	7743818	5973983	3078774
铁路、船舶、航空航天和其他运输设备制造业	82	12	4573164	3508334	968697	517230
电气机械和器材制造业	309	53	16800670	11473056	4676673	1793769
计算机、通信和其他电子设备制造业	339	63	20781161	12833594	9515550	4297080
仪器仪表制造业	156	24	9555574	5195320	1220490	425714
其他制造业	8	1	105238	53162	45449	12094
废弃资源综合利用业	20	3	228173	103725	129758	36899
金属制品、机械和设备修理业	5		25166	16670	7797	2367
电力、热力、燃气及水生产和供应业	66	8	8922728	2651965	6772151	2883486
电力、热力生产和供应业	26	1	3236475	651084	3890170	2096576
燃气生产和供应业	19	1	903392	318416	564297	144458
水的生产和供应业	21	6	4782861	1682465	2317685	642452

表 7—1　规模以上工业企业主要经济指标（2020 年）（续表 2）

计量单位：万元

指　　标	负债	流动负债	主营业务收　　入	税金及附加	盈亏相抵后利润总额	从业人员平均人数（人）
总　　计	76350188	59907118	119266780	4742676	7134324	601375
一、按经济类型分组：						
内资企业	54861795	42413320	77852964	4348242	3911392	394481
国有企业	2858895	2447506	2733194	18564	143669	15524
集体企业	16656	9001	140098	139	2133	433
股份合作企业	3471	3471	6916	24	263	108
联营企业	6169	1894	20840	156	2777	543
有限责任公司	21625725	16612836	28445911	2640382	1735132	115090
股份有限公司	11326789	9071174	19872426	1570669	338654	50832
私营企业	18990394	14236483	26610692	118216	1690360	211249
其他企业	33696	30956	22885	93	-1594	702
港、澳、台商投资企业	6003489	5019092	8416578	46712	963532	58100
外商投资企业	15484904	12474706	32997238	347722	2259400	148794
二、在总计中：国有控股	28099338	21979503	41342792	4185567	1374775	126897
三、按轻重工业分组：						
轻工业	11776512	8779038	21124092	1674084	1950458	161836
重工业	64573677	51128080	98142688	3068592	5183867	439539
四、按企业规模分组：						
大型企业	34665305	29560684	64371810	4438476	3738894	209524
中型企业	19592923	15477647	22158734	136655	1316396	159030
小微企业	22091961	14868787	32736236	167545	2079035	232821
五、按工业行业分组						
采矿业	502222	394329	280911	13104	26097	1929
煤炭开采和洗选业						
石油和天然气开采业	470492	366344	237283	11578	16834	1235
黑色金属矿采选业						
有色金属矿采选业	31730	27985	43628	1527	9263	694
非金属矿采选业						
开采专业及辅助性活动						
其他采矿业						

表7—1 规模以上工业企业主要经济指标（2020年）（续表3）

计量单位：万元

指标	负债	流动负债	主营业务收入	税金及附加	盈亏相抵后利润总额	从业人员平均人数（人）
制造业	70697693	56927325	116086255	4698060	6797584	586071
农副食品加工业	563695	374063	962813	2609	19844	4497
食品制造业	560914	437437	1204791	7561	131860	14433
酒、饮料和精制茶制造业	173050	162011	444022	8823	34040	4473
烟草制品业	295821	295697	2438030	1571758	390521	1998
纺织业	138148	68288	211425	1860	408	3338
纺织服装、服饰业	1078379	773582	1101146	5211	28385	22184
皮革、毛皮、羽毛及其制品和制鞋业	61673	20178	104809	509	429	2004
木材加工和木、竹、藤、棕、草制品业	42344	26728	82382	322	2023	763
家具制造业	199399	161126	220086	1870	29363	4164
造纸和纸制品业	123042	94267	324154	1698	20294	2219
印刷和记录媒介复制业	317879	235445	448724	2403	16417	6539
文教、工美、体育和娱乐用品制造业	163060	106158	418460	2196	4556	6338
石油、煤炭及其他燃料加工业	1414160	1129670	6922395	1507328	111410	5554
化学原料和化学制品制造业	6331957	4636564	15710594	964327	772665	37163
医药制造业	2335707	1804539	3181107	26681	527988	28040
化学纤维制造业	137955	114396	227731	1852	28652	2263
橡胶和塑料制品业	924637	638765	1754327	7258	107212	16159
非金属矿物制品业	3111515	2641134	3990307	27485	331959	23411
黑色金属冶炼和压延加工业	6206311	5842129	10552970	34914	326807	15691
有色金属冶炼和压延加工业	479282	314705	1730961	2662	40038	3416
金属制品业	1575965	1202512	2292107	14325	152266	22380
通用设备制造业	5224622	4438541	5972035	36237	473326	48999
专用设备制造业	2620090	1957286	3273326	22668	391110	34110
汽车制造业	8173251	6821198	12103270	297333	817415	58627
铁路、船舶、航空航天和其他运输设备制造业	2806904	2617157	3184348	14245	167078	20962
电气机械和器材制造业	9452497	7759398	13993843	50749	920416	63192
计算机、通信和其他电子设备制造业	11752422	8621823	19710604	63576	434557	110188
仪器仪表制造业	4258331	3526569	3326919	18118	502268	20320
其他制造业	62446	28865	52228	286	272	516
废弃资源综合利用业	95863	66559	118156	970	12588	1415
金属制品、机械和设备修理业	16375	10539	28186	228	1416	715
电力、热力、燃气及水生产和供应业	5150274	2585464	2899614	31511	310643	13375
电力、热力生产和供应业	1414410	892205	1952315	24136	202279	4801
燃气生产和供应业	554005	457332	592292	1562	53138	2774
水的生产和供应业	3181859	1235926	355007	5813	55226	5800

表 7—2　规模以上工业企业主要产品产量

产品名称	2020 年	2019 年	同比增长（%）
饲料（吨）	120532	167491	-28.0
精制食用植物油（吨）	212498	215151	-1.2
饮料酒（千升）	184575	251211	-26.5
饮料（吨）	1195352	1366946	-12.6
卷烟（万支）	3408800	3314064	2.9
纱（吨）		13533	
布（万米）		89	
服装（万件）	12330	11311	9.0
皮革鞋靴（万双）	3	80	-96.3
家具（件）	1192769	500219	138.4
机制纸及纸板（吨）	5890	11271	-47.7
原油加工量（吨）	28869816	30087743	-4.0
汽油（吨）	6693617	7527199	-11.1
煤油（吨）	2942778	4527175	-35.0
柴油（吨）	6113418	6148391	-0.6
液化石油气（吨）	1236999	1611642	-23.2
焦炭（吨）	3797145	3401314	11.6
硫酸（折 100%）（吨）	437014	394934	10.7
烧碱（折 100%）（吨）	84744	101838	-16.8
乙烯（吨）	1491081	1653506	-9.8
纯苯（吨）	782658	820568	-4.6
浓硝酸（折 100%）（吨）	203297	207061	-1.8
合成氨（无水氨）（吨）	260335	296730	-12.3
农用氮、磷、钾化学肥料总计（折纯）（吨）	15338	12829	19.6
化学农药原药（折有效成分 100%）（吨）	40481	50368	-19.6
涂料（吨）	72974	99275	-26.5
初级形态塑料（吨）	1735339	1730080	0.3
合成橡胶（吨）	355175	374709	-5.2
合成纤维单体（吨）	1277984	1437959	-11.1
化学药品原药（吨）	42	59	-28.8
中成药（吨）	4248	3834	10.8

表 7—2　规模以上工业企业主要产品产量（续表 1）

产品名称	2020 年	2019 年	同比增长（%）
化学纤维（吨）	140249	142831	-1.8
橡胶轮胎外胎（条）	2315141	2674468	-13.4
塑料制品（吨）	236539	413866	-42.8
水泥熟料（吨）	7997415	8681028	-7.9
水泥（吨）	7541865	7734315	-2.5
日用玻璃制品（吨）	85861	92362	-7.0
生铁（吨）	17444229	16925189	3.1
粗钢（吨）	19587082	18635828	5.1
钢材（吨）	17342170	17245058	0.6
泵（台）	219063	257038	-14.8
气体压缩机（台）	13301	17377	-23.5
汽车（辆）	364290	417942	-12.8
其中：基本型乘用车（轿车）	181523	219828	-17.4
客车	35127	34432	2.0
载货汽车	52259	33466	56.2
改装汽车（辆）	1071	3939	-72.8
摩托车整车（辆）	22384	14914	50.1
民用钢质船舶（载重吨）	196790	945093	-79.2
发电机组（发电设备）（千瓦）	2453100	3135643	-21.8
交流电动机（千瓦）	1115468	1015540	9.8
变压器（千伏安）	21686200	35042544	-38.1
家用洗衣机（台）	5301487	5322770	-0.4
电光源（万只）	4342	3168	37.1
移动通信手持机（手机）（台）	6678782	6093782	9.6
电子计算机整机（台）	725321	597059	21.5
彩色电视机（台）	3024125	3447293	-12.3
其中：液晶电视机	3024125	3447293	-12.3
发电量（万千瓦小时）	4576182	4519628	1.3
煤气生产量（万立方米）	2690324	2636549	2.0
自来水生产量（万立方米）	136304	134547	1.3

表 7—3　规模以上国有控股工业企业主要经济指标（2020 年）

指　　标	企业单位数（个）	#亏损企业
总　　计	263	43
一、按轻重工业分组：		
轻工业	46	9
重工业	217	34
二、按企业规模分组：		
大型企业	25	6
中型企业	65	10
小微企业	173	27
三、按行业分组：		
采矿业	3	1
煤炭开采和洗选业		
石油和天然气开采业	1	
黑色金属矿采选业		
有色金属矿采选业	2	1
非金属矿采选业		
开采专业及辅助性活动		
其他采矿业		
制造业	230	38
农副食品加工业		
食品制造业	4	1
酒、饮料和精制茶制造业		
烟草制品业	1	
纺织业	1	
纺织服装、服饰业	17	1
皮革、毛皮、羽毛及其制品和制鞋业		
木材加工和木、竹、藤、棕、草制品业		
家具制造业		
造纸和纸制品业		

表 7—3 规模以上国有控股工业企业主要经济指标（2020 年）（续表 1）

指　　标	企业单位数（个）	#亏损企业
印刷和记录媒介复制业	7	2
文教、工美、体育和娱乐用品制造业	1	
石油、煤炭及其他燃料加工业	1	
化学原料和化学制品制造业	18	5
医药制造业	6	3
化学纤维制造业	2	
橡胶和塑料制品业	3	2
非金属矿物制品业	16	2
黑色金属冶炼和压延加工业	2	1
有色金属冶炼和压延加工业	1	
金属制品业	11	1
通用设备制造业	13	1
专用设备制造业	14	1
汽车制造业	23	5
铁路、船舶、航空航天和其他运输设备制造业	16	1
电气机械和器材制造业	21	3
计算机、通信和其他电子设备制造业	37	7
仪器仪表制造业	13	2
其他制造业		
废弃资源综合利用业	1	
金属制品、机械和设备修理业	1	
电力、热力、燃气及水生产和供应业	30	4
电力、热力生产和供应业	14	
燃气生产和供应业	4	
水的生产和供应业	12	4

表 7—3　规模以上国有控股工业企业主要经济指标（2020 年）（续表 2）

计量单位：万元

指　　标	资产总计	流动资产	固定资产原价	累计折旧	负债	流动负债
总　　计	55966784	28094664	35129603	18682537	28099338	21979503
一、按轻重工业分组：						
轻工业	4121073	3084938	1132414	609127	734516	595696
重工业	51845710	25009726	33997190	18073410	27364823	21383806
二、按企业规模分组：						
大型企业	32408332	15807617	25129588	14223548	15621636	12958381
中型企业	13435663	6348274	6332980	3072726	7058184	5502141
小微企业	10122789	5938774	3667036	1386264	5419518	3518981
三、按行业分组：						
采矿业	984886	363755	1202988	744394	502222	394329
煤炭开采和洗选业						
石油和天然气开采业	939313	334778	1170886	723407	470492	366344
黑色金属矿采选业						
有色金属矿采选业	45573	28976	32102	20987	31730	27985
非金属矿采选业						
开采专业及辅助性活动						
其他采矿业						
制造业	47500211	25566312	28202442	15523384	23242750	19487843
农副食品加工业						
食品制造业	42217	31996	21098	10965	18934	16411
酒、饮料和精制茶制造业						
烟草制品业	2749884	2313810	609690	318988	295821	295697
纺织业	11146	1373	8077	1889	9997	
纺织服装、服饰业	387778	274108	157341	77954	168572	86081
皮革、毛皮、羽毛及其制品和制鞋业						
木材加工和木、竹、藤、棕、草制品业						
家具制造业						
造纸和纸制品业						

表7—3 规模以上国有控股工业企业主要经济指标（2020年）（续表3）

计量单位：万元

指　　标	资产总计	流动资产	固定资产原价	累计折旧	负债	流动负债
印刷和记录媒介复制业	158347	69813	135909	89272	48168	41340
文教、工美、体育和娱乐用品制造业	13597	12564	2007	1522	7231	7221
石油、煤炭及其他燃料加工业	2423164	880712	2712989	1690196	1265097	1002297
化学原料和化学制品制造业	8126320	3106789	10105600	6476194	3104698	2552451
医药制造业	339499	162671	113646	64987	64274	51770
化学纤维制造业	282906	104977	41905	18352	30142	19570
橡胶和塑料制品业	77986	59136	37033	22270	53276	39533
非金属矿物制品业	1496445	971936	466468	126719	929093	805540
黑色金属冶炼和压延加工业	2650545	589989	4092520	2468688	1121583	1091389
有色金属冶炼和压延加工业	124625	118093	29152	25683	12640	12532
金属制品业	820805	592231	423938	242835	421588	331450
通用设备制造业	841987	632373	191135	68777	495304	422181
专用设备制造业	659844	445379	276863	105799	364144	291307
汽车制造业	2623723	1504589	1894994	918334	2173642	1871432
铁路、船舶、航空航天和其他运输设备制造业	2717888	2069315	648935	336978	1549948	1473415
电气机械和器材制造业	5032981	4131809	465159	192631	2748280	2654164
计算机、通信和其他电子设备制造业	9158614	4139005	5082366	2080984	5292958	3867416
仪器仪表制造业	6742810	3338592	681527	181308	3054616	2541908
其他制造业						
废弃资源综合利用业	12268	10266	4040	2051	8992	8985
金属制品、机械和设备修理业	4833	4790	50	8	3755	3755
电力、热力、燃气及水生产和供应业	7481687	2164597	5724174	2414759	4354367	2097331
电力、热力生产和供应业	2362493	426270	3053575	1686834	1009065	713799
燃气生产和供应业	477157	85736	416485	109002	284522	219600
水的生产和供应业	4642037	1652590	2254114	618923	3060780	1163933

表 7—3　规模以上国有控股工业企业主要经济指标（2020 年）（续表 4）

计量单位：万元

指　　标	主营业务收　　入	税金及附加	盈亏相抵后利润总额	从业人员平均人数（人）
总　　计	41342792	4185567	1374775	126897
一、按轻重工业分组：				
轻工业	3176590	1577899	434356	15838
重工业	38166202	2607668	940420	111059
二、按企业规模分组：				
大型企业	28154063	4105297	1001974	66558
中型企业	6544086	51282	8898	36087
小微企业	6644643	28987	363903	24252
三、按行业分组：				
采矿业	280911	13104	26097	1929
煤炭开采和洗选业				
石油和天然气开采业	237283	11578	16834	1235
黑色金属矿采选业				
有色金属矿采选业	43628	1527	9263	694
非金属矿采选业				
开采专业及辅助性活动				
其他采矿业				
制造业	39111659	4148679	1141857	115098
农副食品加工业				
食品制造业	40502	443	-404	520
酒、饮料和精制茶制造业				
烟草制品业	2438030	1571758	390521	1998
纺织业	5350	171	144	283
纺织服装、服饰业	304724	1906	15988	6767
皮革、毛皮、羽毛及其制品和制鞋业				
木材加工和木、竹、藤、棕、草制品业				
家具制造业				
造纸和纸制品业				

表7—3　规模以上国有控股工业企业主要经济指标（2020年）（续表5）

计量单位：万元

指　　标	主营业务收　入	税金及附加	盈亏相抵后利润总额	从业人员平均人数（人）
印刷和记录媒介复制业	55871	469	-70	1352
文教、工美、体育和娱乐用品制造业	7783	97	301	142
石油、煤炭及其他燃料加工业	6560514	1505212	73643	3766
化学原料和化学制品制造业	9671380	936318	298041	17369
医药制造业	121421	1598	219	2031
化学纤维制造业	6476	564	21738	626
橡胶和塑料制品业	107013	502	4059	836
非金属矿物制品业	1376614	9755	177244	4443
黑色金属冶炼和压延加工业	2926826	11204	53545	5022
有色金属冶炼和压延加工业	1140221	556	6160	175
金属制品业	581721	4551	29408	3702
通用设备制造业	394137	3636	38577	3138
专用设备制造业	364610	1949	21432	2877
汽车制造业	3131404	51296	-61757	12819
铁路、船舶、航空航天和其他运输设备制造业	1290778	6684	69745	9515
电气机械和器材制造业	3504926	13775	310183	8735
计算机、通信和其他电子设备制造业	3270889	18402	-627268	24454
仪器仪表制造业	1792842	7702	320040	4472
其他制造业				
废弃资源综合利用业	9849	87	285	26
金属制品、机械和设备修理业	7778	45	82	30
电力、热力、燃气及水生产和供应业	1950222	23783	206822	9870
电力、热力生产和供应业	1394965	17642	134997	3226
燃气生产和供应业	240896	949	15279	1189
水的生产和供应业	314361	5193	56545	5455

表 7—4　规模以上民营工业企业主要经济指标（2020 年）

指　　标	企业单位数（个）	#亏损企业
总　　计	2443	400
一、按轻重工业分组：		
轻工业	659	130
重工业	1784	270
二、按企业规模分组：		
大型企业	18	2
中型企业	163	25
小微企业	2262	373
四、按行业分组：		
采矿业		
煤炭开采和洗选业		
石油和天然气开采业		
黑色金属矿采选业		
有色金属矿采选业		
非金属矿采选业		
开采专业及辅助性活动		
其他采矿业		
制造业	2424	398
农副食品加工业	39	11
食品制造业	42	10
酒、饮料和精制茶制造业	7	1
烟草制品业		
纺织业	14	4
纺织服装、服饰业	76	22
皮革、毛皮、羽毛及其制品和制鞋业	7	1
木材加工和木、竹、藤、棕、草制品业	15	2
家具制造业	22	3
造纸和纸制品业	19	3

表7—4 规模以上民营工业企业主要经济指标（2020年）（续表1）

指标	企业单位数（个）	#亏损企业
印刷和记录媒介复制业	38	5
文教、工美、体育和娱乐用品制造业	41	9
石油、煤炭及其他燃料加工业	7	
化学原料和化学制品制造业	89	9
医药制造业	87	17
化学纤维制造业	11	
橡胶和塑料制品业	128	17
非金属矿物制品业	191	39
黑色金属冶炼和压延加工业	24	1
有色金属冶炼和压延加工业	31	4
金属制品业	196	28
通用设备制造业	259	33
专用设备制造业	276	34
汽车制造业	117	33
铁路、船舶、航空航天和其他运输设备制造业	55	9
电气机械和器材制造业	243	39
计算机、通信和其他电子设备制造业	237	42
仪器仪表制造业	126	20
其他制造业	7	
废弃资源综合利用业	16	2
金属制品、机械和设备修理业	4	
电力、热力、燃气及水生产和供应业	19	2
电力、热力生产和供应业	6	
燃气生产和供应业	7	1
水的生产和供应业	6	1

表 7—4　规模以上民营工业企业主要经济指标（2020 年）（续表 2）

计量单位：万元

指　　标	资产总计	流动资产	固定资产原价	累计折旧	负债	流动负债
总　　计	52858079	35460345	13436749	6038373	29099263	22261147
一、按轻重工业分组：						
轻工业	11771402	7417664	2665402	1026052	5840781	4054226
重工业	41086677	28042682	10771347	5012320	23258482	18206921
二、按企业规模分组：						
大型企业	14444590	9380501	4892868	2494375	8959415	7442480
中型企业	15852210	9966399	2929821	1147808	7614945	6023359
小微企业	22561278	16113446	5614060	2396189	12524902	8795307
四、按行业分组：						
采矿业						
煤炭开采和洗选业						
石油和天然气开采业						
黑色金属矿采选业						
有色金属矿采选业						
非金属矿采选业						
开采专业及辅助性活动						
其他采矿业						
制造业	52626161	35356781	13374157	6023997	28993652	22214600
农副食品加工业	604095	314466	209622	55970	416232	267893
食品制造业	479746	320792	160690	70542	308227	229913
酒、饮料和精制茶制造业	58905	28828	46228	21874	24433	15802
烟草制品业						
纺织业	101989	68651	48421	25598	71661	37758
纺织服装、服饰业	1266086	513632	130277	55970	847758	641100
皮革、毛皮、羽毛及其制品和制鞋业	48763	33560	13323	6175	25385	12744
木材加工和木、竹、藤、棕、草制品业	55019	45390	13347	5869	42344	26728
家具制造业	304925	141053	133837	28775	167439	140383
造纸和纸制品业	114381	68890	47974	24559	60727	34862

表 7—4 规模以上民营工业企业主要经济指标（2020 年）（续表 3）

计量单位：万元

指 标	资产总计	流动资产	固定资产原价	累计折旧	负债	流动负债
印刷和记录媒介复制业	262917	153436	160647	85839	165425	135683
文教、工美、体育和娱乐用品制造业	179704	132089	59867	25941	127676	83102
石油、煤炭及其他燃料加工业	597526	340303	104904	56785	149064	127372
化学原料和化学制品制造业	3384682	2120703	966970	434625	1538684	1064290
医药制造业	4070046	2787800	845262	341973	1581457	1263541
化学纤维制造业	57426	37311	17304	6706	26402	13415
橡胶和塑料制品业	1208773	858409	354434	164239	603538	446423
非金属矿物制品业	2755492	2060366	806276	359391	1908532	1622882
黑色金属冶炼和压延加工业	8158357	4279220	3879070	2036232	5079810	4750740
有色金属冶炼和压延加工业	1084241	582326	115875	49294	455136	294679
金属制品业	1648383	1285396	430993	212917	983437	762833
通用设备制造业	5142192	3820043	1276538	634062	2884166	2429000
专用设备制造业	3913706	3069814	629949	231967	1946986	1417613
汽车制造业	3315412	2523992	595433	222347	2250097	1769961
铁路、船舶、航空航天和其他运输设备制造业	1042061	848738	220625	120374	592135	499897
电气机械和器材制造业	5253884	3495434	919611	328373	2895253	1939668
计算机、通信和其他电子设备制造业	4915268	3755681	751960	264170	2758159	1315635
仪器仪表制造业	2360843	1526883	349223	125667	973732	793912
其他制造业	76863	50150	17805	4255	40322	28865
废弃资源综合利用业	144146	81545	59949	21149	56817	41120
金属制品、机械和设备修理业	20334	11879	7746	2359	12621	6784
电力、热力、燃气及水生产和供应业	231918	103565	62593	14375	105610	46547
电力、热力生产和供应业	95296	62312	36461	5959	26662	15318
燃气生产和供应业	46175	23394	11234	5195	16929	9552
水的生产和供应业	90448	17858	14898	3222	62019	21678

表 7—4　规模以上民营工业企业主要经济指标（2020 年）（续表 4）

计量单位：万元

指　　标	主营业务收　　入	税金及附加	盈亏相抵后利润总额	从业人员平均人数（人）
总　　计	39786131	184059	2624814	280641
一、按轻重工业分组：				
轻工业	8185627	46036	695884	88967
重工业	31600504	138024	1928930	191674
二、按企业规模分组：				
大型企业	13377014	46162	611118	34327
中型企业	8103742	44353	803300	80236
小微企业	18305375	93544	1210396	166078
四、按行业分组：				
采矿业				
煤炭开采和洗选业				
石油和天然气开采业				
黑色金属矿采选业				
有色金属矿采选业				
非金属矿采选业				
开采专业及辅助性活动				
其他采矿业				
制造业	39686325	183543	2613077	279766
农副食品加工业	447381	1885	4176	3052
食品制造业	557808	2423	28960	8450
酒、饮料和精制茶制造业	52653	422	5664	902
烟草制品业				
纺织业	107912	598	3891	1340
纺织服装、服饰业	662771	2655	11939	12397
皮革、毛皮、羽毛及其制品和制鞋业	68338	466	3855	1603
木材加工和木、竹、藤、棕、草制品业	82382	322	2023	763
家具制造业	198961	1548	17718	3805
造纸和纸制品业	119477	486	2780	1620

表 7—4　规模以上民营工业企业主要经济指标（2020 年）（续表 5）

计量单位：万元

指　　标	主营业务收　　入	税金及附加	盈亏相抵后利润总额	从业人员平均人数（人）
印刷和记录媒介复制业	251732	1174	11342	3827
文教、工美、体育和娱乐用品制造业	362926	1715	5836	4774
石油、煤炭及其他燃料加工业	361881	2116	37768	1788
化学原料和化学制品制造业	2458236	11269	209568	11513
医药制造业	2284423	18879	400260	18309
化学纤维制造业	71382	457	7590	891
橡胶和塑料制品业	1267835	5661	68347	12345
非金属矿物制品业	2162688	13277	105128	15903
黑色金属冶炼和压延加工业	7615838	23684	272662	10627
有色金属冶炼和压延加工业	554306	1986	30921	2999
金属制品业	1398267	8011	80012	15825
通用设备制造业	3225121	17641	295338	27569
专用设备制造业	2446620	16338	270456	27388
汽车制造业	1481528	7089	-11368	17625
铁路、船舶、航空航天和其他运输设备制造业	740249	4212	78157	8111
电气机械和器材制造业	3761281	14597	128728	27225
计算机、通信和其他电子设备制造业	5799779	17139	420354	25020
仪器仪表制造业	992399	6476	103983	11835
其他制造业	45729	262	2424	506
废弃资源综合利用业	86014	573	13235	1069
金属制品、机械和设备修理业	20408	184	1334	685
电力、热力、燃气及水生产和供应业	99806	516	11737	875
电力、热力生产和供应业	30435	187	7450	262
燃气生产和供应业	44991	67	528	402
水的生产和供应业	24380	263	3758	211

表 7—5　规模以上“三资”工业企业主要经济指标（2020 年）

指　　标	企业单位数（个）	#亏损企业
总　　计	546	122
一、按轻重工业分组：		
轻工业	153	46
重工业	393	76
二、按企业规模分组：		
大型企业	41	3
中型企业	89	18
小微企业	416	101
三、按行业分组：		
采矿业		
煤炭开采和洗选业		
石油和天然气开采业		
黑色金属矿采选业		
有色金属矿采选业		
非金属矿采选业		
开采专业及辅助性活动		
其他采矿业		
制造业	527	120
农副食品加工业	7	3
食品制造业	20	6
酒、饮料和精制茶制造业	9	1
烟草制品业		
纺织业	3	2
纺织服装、服饰业	17	6
皮革、毛皮、羽毛及其制品和制鞋业	4	4

表7—5 规模以上“三资”工业企业主要经济指标（2020年）（续表1）

指标	企业单位数（个）	#亏损企业
木材加工和木、竹、藤、棕、草制品业		
家具制造业	1	
造纸和纸制品业	5	
印刷和记录媒介复制业	9	2
文教、工美、体育和娱乐用品制造业	7	4
石油、煤炭及其他燃料加工业		
化学原料和化学制品制造业	54	8
医药制造业	11	4
化学纤维制造业	2	1
橡胶和塑料制品业	22	7
非金属矿物制品业	19	5
黑色金属冶炼和压延加工业	1	
有色金属冶炼和压延加工业	3	1
金属制品业	26	1
通用设备制造业	64	10
专用设备制造业	29	5
汽车制造业	64	17
铁路、船舶、航空航天和其他运输设备制造业	13	2
电气机械和器材制造业	47	11
计算机、通信和其他电子设备制造业	68	16
仪器仪表制造业	18	2
其他制造业	1	1
废弃资源综合利用业	3	1
金属制品、机械和设备修理业		
电力、热力、燃气及水生产和供应业	19	2
电力、热力生产和供应业	6	1
燃气生产和供应业	10	
水的生产和供应业	3	1

表7—5 规模以上“三资”工业企业主要经济指标（2020年）（续表2）

计量单位：万元

指　　标	资产总计	流动资产	固定资产原价	累计折旧	负债	流动负债
总　　计	40801829	24010247	26980279	13572606	21488393	17493798
一、按轻重工业分组：						
轻工业	11407634	6837165	5429002	2365405	5219772	4136462
重工业	29394195	17173081	21551278	11207201	16268622	13357336
二、按企业规模分组：						
大型企业	21646726	12547608	16182060	8371133	11942944	10541957
中型企业	9602363	5722950	5676190	2744255	5204709	4234078
小微企业	9552740	5739689	5122029	2457218	4340741	2717763
三、按行业分组：						
采矿业						
煤炭开采和洗选业						
石油和天然气开采业						
黑色金属矿采选业						
有色金属矿采选业						
非金属矿采选业						
开采专业及辅助性活动						
其他采矿业						
制造业	39124849	23542147	25581869	13011411	20513264	16832265
农副食品加工业	273828	195193	98833	48186	147463	106170
食品制造业	956175	672925	384953	220436	236517	193877
酒、饮料和精制茶制造业	417414	212976	336031	188105	148617	146209
烟草制品业						
纺织业	155130	98033	150544	108641	56490	30529
纺织服装、服饰业	143135	93220	60341	33363	63879	48232
皮革、毛皮、羽毛及其制品和制鞋业	62351	54825	14308	9637	36287	7434

表7—5 规模以上“三资”工业企业主要经济指标（2020年）（续表3）

计量单位：万元

指　　标	资产总计	流动资产	固定资产原价	累计折旧	负债	流动负债
木材加工和木、竹、藤、棕、草制品业						
家具制造业	113804	44939	18451	8293	31960	20742
造纸和纸制品业	239921	132290	163787	62902	62315	59406
印刷和记录媒介复制业	177669	114119	124792	67594	104285	58422
文教、工美、体育和娱乐用品制造业	51608	38295	20364	11151	28154	15835
石油、煤炭及其他燃料加工业						
化学原料和化学制品制造业	5605052	2382984	6955433	4161385	1957393	1284432
医药制造业	2082732	1270170	438851	129168	700335	489228
化学纤维制造业	228833	117632	197661	128013	85014	84164
橡胶和塑料制品业	536341	229463	537340	262306	267824	152810
非金属矿物制品业	653079	392829	468035	277783	273891	212711
黑色金属冶炼和压延加工业	24095	22761	4188	3394	4918	
有色金属冶炼和压延加工业	43038	31379	7738	3797	11506	7494
金属制品业	371564	245527	177609	104922	201165	138453
通用设备制造业	3131111	2207766	1151385	479259	1845152	1587360
专用设备制造业	812310	637525	218728	102116	343858	282818
汽车制造业	6214624	3995241	3822249	2170583	3874732	3298774
铁路、船舶、航空航天和其他运输设备制造业	964785	729987	108856	66357	763236	741584
电气机械和器材制造业	6659041	3930833	3387161	1318194	3900411	3242679
计算机、通信和其他电子设备制造业	8580323	5282612	6449887	2904886	5051219	4381352
仪器仪表制造业	526751	393700	190932	119403	264464	225096
其他制造业	28375	3013	27644	7839	22124	
废弃资源综合利用业	71759	11914	65769	13699	30054	16455
金属制品、机械和设备修理业						
电力、热力、燃气及水生产和供应业	1676981	468100	1398411	561195	975130	661533
电力、热力生产和供应业	778686	162502	800134	403784	378683	163089
燃气生产和供应业	847919	293581	549603	137104	537387	448129
水的生产和供应业	50376	12017	48674	20307	59060	50316

表7—5 规模以上“三资”工业企业主要经济指标（2020年）（续表4）

计量单位：万元

指 标	主营业务收 入	税金及附加	盈亏相抵后利润总额	从业人员平均人数（人）
总 计	41413816	394434	3222932	206894
一、按轻重工业分组：				
轻工业	9798250	51202	836822	58479
重工业	31615566	343231	2386110	148415
二、按企业规模分组：				
大型企业	25342420	304609	2159015	116628
中型企业	7990994	42838	535940	45700
小微企业	8080402	46986	527977	44566
三、按行业分组：				
采矿业				
煤炭开采和洗选业				
石油和天然气开采业				
黑色金属矿采选业				
有色金属矿采选业				
非金属矿采选业				
开采专业及辅助性活动				
其他采矿业				
制造业	40346337	386327	3117777	203116
农副食品加工业	515432	724	15668	1445
食品制造业	616650	4993	102463	5735
酒、饮料和精制茶制造业	391369	8401	28376	3571
烟草制品业				
纺织业	98162	1091	-3627	1715
纺织服装、服饰业	151318	785	859	3926
皮革、毛皮、羽毛及其制品和制鞋业	36471	43	-3426	401

表7—5 规模以上“三资”工业企业主要经济指标（2020年）（续表5）

计量单位：万元

指 标	主营业务收入	税金及附加	盈亏相抵后利润总额	从业人员平均人数（人）
木材加工和木、竹、藤、棕、草制品业				
家具制造业	21126	323	11646	359
造纸和纸制品业	204677	1212	17514	599
印刷和记录媒介复制业	141120	761	5146	1360
文教、工美、体育和娱乐用品制造业	47751	385	-1581	1422
石油、煤炭及其他燃料加工业				
化学原料和化学制品制造业	5129113	26233	416950	10236
医药制造业	781646	6284	125005	7827
化学纤维制造业	152030	1372	18871	889
橡胶和塑料制品业	379478	1095	34806	2978
非金属矿物制品业	451005	4453	49586	3065
黑色金属冶炼和压延加工业	10306	26	600	42
有色金属冶炼和压延加工业	36434	120	2956	242
金属制品业	367589	2126	44982	3050
通用设备制造业	2352777	14959	139411	18292
专用设备制造业	560961	4675	107594	4480
汽车制造业	7859821	240712	917583	29677
铁路、船舶、航空航天和其他运输设备制造业	1260965	3769	23982	3861
电气机械和器材制造业	6868393	22912	482501	27735
计算机、通信和其他电子设备制造业	11284934	34249	497957	65566
仪器仪表制造业	598017	4294	85038	4313
其他制造业	6500	24	-2152	10
废弃资源综合利用业	22293	310	-932	320
金属制品、机械和设备修理业				
电力、热力、燃气及水生产和供应业	1067479	8106	105155	3778
电力、热力生产和供应业	526915	6308	59832	1313
燃气生产和供应业	524297	1441	50400	2331
水的生产和供应业	16266	357	-5077	134

表 7—6　规模以上大中型工业企业主要经济指标（2020 年）

指　　标	企业单位数（个）	#亏损企业
总　　计	391	63
一、按登记注册类型分组		
内资企业	261	42
国有企业	11	2
集体企业		
股份合作企业		
联营企业		
有限责任公司	82	14
股份有限公司	45	7
私营企业	122	18
其他企业	1	1
港、澳、台商投资企业	48	8
外商投资企业	82	13
二、按轻重工业分组：		
轻工业	125	30
重工业	266	33
三、按企业规模分组：		
大型企业	80	10
中型企业	311	53
四、按行业分组：		
采矿业	2	
煤炭开采和洗选业		
石油和天然气开采业	1	
黑色金属矿采选业		
有色金属矿采选业	1	
非金属矿采选业		
开采专业及辅助性活动		
其他采矿业		
制造业	376	61
农副食品加工业	2	1
食品制造业	8	2

表7—6 规模以上大中型工业企业主要经济指标（2020年）（续表1）

指标	企业单位数（个）	#亏损企业
酒、饮料和精制茶制造业	3	
烟草制品业	1	
纺织业	2	2
纺织服装、服饰业	24	6
皮革、毛皮、羽毛及其制品和制鞋业	2	
木材加工和木、竹、藤、棕、草制品业		
家具制造业	3	
造纸和纸制品业	1	
印刷和记录媒介复制业	4	1
文教、工美、体育和娱乐用品制造业	4	2
石油、煤炭及其他燃料加工业	3	
化学原料和化学制品制造业	22	5
医药制造业	28	7
化学纤维制造业	3	1
橡胶和塑料制品业	14	2
非金属矿物制品业	13	2
黑色金属冶炼和压延加工业	5	
有色金属冶炼和压延加工业	2	
金属制品业	11	
通用设备制造业	29	2
专用设备制造业	23	4
汽车制造业	43	10
铁路、船舶、航空航天和其他运输设备制造业	14	1
电气机械和器材制造业	46	6
计算机、通信和其他电子设备制造业	51	6
仪器仪表制造业	14	1
其他制造业		
废弃资源综合利用业		
金属制品、机械和设备修理业	1	
电力、热力、燃气及水生产和供应业	13	2
电力、热力生产和供应业	7	1
燃气生产和供应业	3	
水的生产和供应业	3	1

表7—6 规模以上大中型工业企业主要经济指标（2020年）（续表2）

计量单位：万元

指 标	资产总计	流动资产	固定资产原价	累计折旧	负债	流动负债
总 计	102736302	58169576	54318099	28301156	54258228	45038331
一、按登记注册类型分组						
内资企业	71487213	39899019	32459848	17185768	37110576	30262296
国有企业	3984775	2116668	1676927	759785	2290954	2045655
集体企业						
股份合作企业						
联营企业						
有限责任公司	29107987	16770220	15612706	8069066	14891139	12056632
股份有限公司	21851455	10054792	11294507	6498186	10279309	8545578
私营企业	16517225	10936553	3872525	1858093	9618218	7583475
其他企业	25770	20786	3185	638	30956	30956
港、澳、台商投资企业	9227309	5425188	5376697	2173494	4372675	4019204
外商投资企业	22021780	12845369	16481553	8941894	12774978	10756831
二、按轻重工业分组：						
轻工业	19679595	12391083	6481463	2725729	8223579	6600697
重工业	83056706	45778493	47836637	25575427	46034649	38437634
三、按企业规模分组：						
大型企业	64383542	36553048	39535829	21415970	34665305	29560684
中型企业	38352759	21616528	14782270	6885186	19592923	15477647
四、按行业分组：						
采矿业	984171	363268	1195680	741028	487563	379670
煤炭开采和洗选业						
石油和天然气开采业	939313	334778	1170886	723407	470492	366344
黑色金属矿采选业						
有色金属矿采选业	44858	28490	24794	17621	17071	13326
非金属矿采选业						
开采专业及辅助性活动						
其他采矿业						
制造业	95270653	56328894	47504462	25110380	50002138	42536534
农副食品加工业	326928	126749	123147	22775	257588	193888
食品制造业	958871	673838	333003	188557	323930	286474

表7—6 规模以上大中型工业企业主要经济指标（2020年）（续表3）

计量单位：万元

指　　标	资产总计	流动资产	固定资产原价	累计折旧	负债	流动负债
酒、饮料和精制茶制造业	149986	91089	143788	87839	95779	95749
烟草制品业	2749884	2313810	609690	318988	295821	295697
纺织业	149481	93624	146548	105886	55324	30529
纺织服装、服饰业	1075017	390209	103693	55771	680386	537051
皮革、毛皮、羽毛及其制品和制鞋业	33458	22313	9989	4325	12035	7904
木材加工和木、竹、藤、棕、草制品业						
家具制造业	180836	63881	85131	15902	96439	85864
造纸和纸制品业	35086	17046	13262	8352	7462	7462
印刷和记录媒介复制业	166946	103049	90666	56288	77872	75349
文教、工美、体育和娱乐用品制造业	42947	33200	14510	8199	25471	20940
石油、煤炭及其他燃料加工业	2867609	1108862	2768967	1718110	1376663	1111300
化学原料和化学制品制造业	10406042	4416954	11290252	7126364	4186089	3335927
医药制造业	4805005	3246805	988676	369842	1795481	1432238
化学纤维制造业	378928	142682	172325	120860	118246	106374
橡胶和塑料制品业	733156	361987	557789	260346	340841	252127
非金属矿物制品业	1658689	1106138	674078	258811	921446	879634
黑色金属冶炼和压延加工业	10226393	4490861	7782898	4402104	5889391	5614634
有色金属冶炼和压延加工业	420073	163384	18436	7827	209587	190060
金属制品业	1196861	909947	462486	278181	672528	601846
通用设备制造业	5785573	4126028	1693352	813661	3368366	2991879
专用设备制造业	1952244	1580065	395639	172348	814003	692228
汽车制造业	8934683	5739190	5063484	2707538	6249033	5534305
铁路、船舶、航空航天和其他运输设备制造业	3848213	2946647	755804	403075	2386728	2298666
电气机械和器材制造业	13556292	9070682	3989744	1483280	7396231	6434465
计算机、通信和其他电子设备制造业	16645969	9662524	8558868	3856079	9717107	7014253
仪器仪表制造业	5984052	3326076	657790	258796	2631437	2408835
其他制造业						
废弃资源综合利用业						
金属制品、机械和设备修理业	1431	1256	449	279	858	858
电力、热力、燃气及水生产和供应业	6481478	1477415	5617956	2449748	3768527	2122127
电力、热力生产和供应业	2163534	347310	3168407	1807615	961886	713052
燃气生产和供应业	726540	231526	514704	125829	483711	418833
水的生产和供应业	3591405	898579	1934845	516304	2322930	990243

表 7—6 规模以上大中型工业企业主要经济指标（2020 年）（续表 4）

计量单位：万元

指标	主营业务收入	税金及附加	盈亏相抵后利润总额	从业人员平均人数（人）
总计	86530544	4575131	5055289	368554
一、按登记注册类型分组				
内资企业	53197130	4227684	2360335	206226
国有企业	1967054	15673	137521	12566
集体企业				
股份合作企业				
联营企业				
有限责任公司	21127036	2602934	1162889	78661
股份有限公司	17756334	1562700	230064	42967
私营企业	12335460	46370	832023	71418
其他企业	11246	7	-2163	614
港、澳、台商投资企业	5913746	33323	819755	42776
外商投资企业	27419669	314125	1875200	119552
二、按轻重工业分组：				
轻工业	14313878	1634591	1598043	96762
重工业	72216666	2940540	3457247	271792
三、按企业规模分组：				
大型企业	64371810	4438476	3738894	209524
中型企业	22158734	136655	1316396	159030
四、按行业分组：				
采矿业	275757	13099	31143	1826
煤炭开采和洗选业				
石油和天然气开采业	237283	11578	16834	1235
黑色金属矿采选业				
有色金属矿采选业	38475	1522	14309	591
非金属矿采选业				
开采专业及辅助性活动				
其他采矿业				
制造业	84353952	4537418	4822160	357082
农副食品加工业	59541	1175	-4472	1025
食品制造业	831728	4832	101923	8800

表 7—6 规模以上大中型工业企业主要经济指标（2020 年）（续表 5）

计量单位：万元

指　标	主营业务收　入	税金及附加	盈亏相抵后利润总额	从业人员平均人数（人）
酒、饮料和精制茶制造业	287499	1773	21904	2887
烟草制品业	2438030	1571758	390521	1998
纺织业	93799	1043	-3814	1612
纺织服装、服饰业	460701	1895	14908	12350
皮革、毛皮、羽毛及其制品和制鞋业	35472	338	3763	1183
木材加工和木、竹、藤、棕、草制品业				
家具制造业	125268	965	15756	2083
造纸和纸制品业	32245	178	1289	423
印刷和记录媒介复制业	152334	573	7790	2082
文教、工美、体育和娱乐用品制造业	54618	453	-1275	1722
石油、煤炭及其他燃料加工业	6818280	1506798	100473	5108
化学原料和化学制品制造业	10809273	941078	379137	23278
医药制造业	2358817	19383	450178	20486
化学纤维制造业	182976	1088	6884	1607
橡胶和塑料制品业	647065	2790	50606	6306
非金属矿物制品业	1449945	11835	213108	7441
黑色金属冶炼和压延加工业	10151422	32103	258591	14136
有色金属冶炼和压延加工业	262342	890	20066	772
金属制品业	815318	6573	65100	6745
通用设备制造业	3569411	20559	246915	25258
专用设备制造业	1109346	8385	160008	13165
汽车制造业	9846654	288366	782060	43426
铁路、船舶、航空航天和其他运输设备制造业	2580297	10888	128509	14563
电气机械和器材制造业	10636960	38911	815261	42400
计算机、通信和其他电子设备制造业	16553889	51120	191092	86855
仪器仪表制造业	1985070	11598	405716	8885
其他制造业				
废弃资源综合利用业				
金属制品、机械和设备修理业	5651	72	163	486
电力、热力、燃气及水生产和供应业	1900835	24613	201987	9646
电力、热力生产和供应业	1346026	19588	104025	3585
燃气生产和供应业	338506	1229	44138	1809
水的生产和供应业	216303	3797	53823	4252

表 7—7　规模以上小微型工业企业主要经济指标（2020 年）

指　　标	企业单位数（个）	#亏损企业
总　　计	2840	498
一、按登记注册类型分组		
内资企业	2424	397
国有企业	22	4
集体企业	6	
股份合作企业	2	
联营企业	3	
有限责任公司	365	79
股份有限公司	66	14
私营企业	1959	300
其他企业	1	
港、澳、台商投资企业	135	32
外商投资企业	281	69
二、按轻重工业分组：		
轻工业	728	153
重工业	2112	345
三、按企业规模分组：		
小型企业	2485	417
微型企业	355	81
四、按行业分组：		
采矿业	1	1
煤炭开采和洗选业		
石油和天然气开采业		
黑色金属矿采选业		
有色金属矿采选业	1	1
非金属矿采选业		
开采专业及辅助性活动		
其他采矿业		
制造业	2786	491
农副食品加工业	44	13
食品制造业	56	14

表 7—7 规模以上小微型工业企业主要经济指标（2020 年）（续表 1）

指标	企业单位数（个）	#亏损企业
酒、饮料和精制茶制造业	13	2
烟草制品业		
纺织业	16	4
纺织服装、服饰业	85	23
皮革、毛皮、羽毛及其制品和制鞋业	9	5
木材加工和木、竹、藤、棕、草制品业	15	2
家具制造业	20	3
造纸和纸制品业	23	3
印刷和记录媒介复制业	50	8
文教、工美、体育和娱乐用品制造业	45	11
石油、煤炭及其他燃料加工业	5	
化学原料和化学制品制造业	138	17
医药制造业	75	16
化学纤维制造业	11	
橡胶和塑料制品业	139	24
非金属矿物制品业	213	44
黑色金属冶炼和压延加工业	22	2
有色金属冶炼和压延加工业	33	5
金属制品业	221	30
通用设备制造业	307	42
专用设备制造业	295	36
汽车制造业	158	45
铁路、船舶、航空航天和其他运输设备制造业	68	11
电气机械和器材制造业	263	47
计算机、通信和其他电子设备制造业	288	57
仪器仪表制造业	142	23
其他制造业	8	1
废弃资源综合利用业	20	3
金属制品、机械和设备修理业	4	
电力、热力、燃气及水生产和供应业	53	6
电力、热力生产和供应业	19	
燃气生产和供应业	16	1
水的生产和供应业	18	5

表7—7　规模以上小微型工业企业主要经济指标（2020年）（续表2）

计量单位：万元

指　　标	资产总计	流动资产	固定资产原价	累计折旧	负债	流动负债
总　　计	41857668	27554460	14213754	6145365	22091961	14868787
一、按登记注册类型分组						
内资企业	32304928	21814771	9091725	3688147	17751220	12151024
国有企业	1303068	512792	804351	203017	567941	401851
集体企业	22970	20749	3161	1277	16656	9001
股份合作企业	6370	5384	3092	2191	3471	3471
联营企业	15088	9690	13802	9127	6169	1894
有限责任公司	12092445	7637177	3551922	1465274	6734587	4556204
股份有限公司	2487252	1705284	525141	249502	1047479	525596
私营企业	16371247	11922026	4173055	1746972	9372176	6653008
其他企业	6488	1670	17202	10787	2740	
港、澳、台商投资企业	3644817	2211048	1458637	558241	1630814	999888
外商投资企业	5907923	3528642	3663392	1898977	2709927	1717875
二、按轻重工业分组：						
轻工业	7502081	4882900	2678278	1248561	3552932	2178341
重工业	34355588	22671560	11535476	4896804	18539028	12690446
三、按企业规模分组：						
小型企业	39363250	26006359	13603163	6005315	20700655	14121862
微型企业	2494419	1548101	610590	140050	1391306	746925
四、按行业分组：						
采矿业	715	487	7308	3366	14659	14659
煤炭开采和洗选业						
石油和天然气开采业						
黑色金属矿采选业						
有色金属矿采选业	715	487	7308	3366	14659	14659
非金属矿采选业						
开采专业及辅助性活动						
其他采矿业						
制造业	39415704	26379423	13052251	5708261	20695555	14390792
农副食品加工业	550996	382911	185309	81381	306106	180175
食品制造业	505773	343554	224880	109582	236985	150963

表 7—7　规模以上小微型工业企业主要经济指标（2020 年）（续表 3）

计量单位：万元

指　　标	资产总计	流动资产	固定资产原价	累计折旧	负债	流动负债
酒、饮料和精制茶制造业	326332	150714	238470	122139	77272	66263
烟草制品业						
纺织业	118784	74433	60494	30243	82824	37758
纺织服装、服饰业	717317	488697	239876	108807	397993	236531
皮革、毛皮、羽毛及其制品和制鞋业	77656	66072	17641	11486	49638	12274
木材加工和木、竹、藤、棕、草制品业	55019	45390	13347	5869	42344	26728
家具制造业	237893	122111	67157	21167	102960	75261
造纸和纸制品业	319216	184134	198499	79109	115580	86806
印刷和记录媒介复制业	431986	234320	330681	186417	240007	160095
文教、工美、体育和娱乐用品制造业	201962	149748	67729	30415	137589	85218
石油、煤炭及其他燃料加工业	153081	112153	48926	28871	37498	18369
化学原料和化学制品制造业	5049209	2531996	3465095	1499165	2145869	1300638
医药制造业	1665594	965924	391979	160330	540226	372301
化学纤维制造业	111642	69743	47819	18388	19709	8022
橡胶和塑料制品业	1089943	785021	371018	188469	583796	386638
非金属矿物制品业	3246327	2318992	1066701	505083	2190069	1761500
黑色金属冶炼和压延加工业	606603	401108	192880	106210	316921	227496
有色金属冶炼和压延加工业	831831	568413	134328	70946	269696	124645
金属制品业	1583575	1164115	542384	265202	903437	600666
通用设备制造业	3329716	2534155	925704	368437	1856256	1446662
专用设备制造业	3348157	2504419	709075	255663	1806087	1265058
汽车制造业	2823903	2004628	910500	371237	1924218	1286893
铁路、船舶、航空航天和其他运输设备制造业	724951	561687	212893	114155	420176	318491
电气机械和器材制造业	3244378	2402374	686930	310489	2056267	1324933
计算机、通信和其他电子设备制造业	4135192	3171070	956682	441001	2035315	1607570
仪器仪表制造业	3571521	1869243	562701	166918	1626894	1117734
其他制造业	105238	53162	45449	12094	62446	28865
废弃资源综合利用业	228173	103725	129758	36899	95863	66559
金属制品、机械和设备修理业	23736	15414	7348	2088	15517	9681
电力、热力、燃气及水生产和供应业	2441250	1174551	1154195	433738	1381747	463336
电力、热力生产和供应业	1072942	303774	721763	288962	452524	179154
燃气生产和供应业	176852	86890	49592	18628	70294	38499
水的生产和供应业	1191456	783886	382840	126148	858929	245683

表 7—7 规模以上小微型工业企业主要经济指标（2020 年）（续表 4）

计量单位：万元

指　　标	主营业务收　　入	税金及附加	盈亏相抵后利润总额	从业人员平均人数（人）
总　　计	32736236	167545	2079035	232821
一、按登记注册类型分组				
内资企业	24655834	120559	1551058	188255
国有企业	766140	2891	6147	2958
集体企业	140098	139	2133	433
股份合作企业	6916	24	263	108
联营企业	20840	156	2777	543
有限责任公司	7318876	37448	572243	36429
股份有限公司	2116092	7970	108590	7865
私营企业	14275232	71846	858337	139831
其他企业	11640	86	569	88
港、澳、台商投资企业	2502832	13389	143777	15324
外商投资企业	5577569	33597	384200	29242
二、按轻重工业分组：				
轻工业	6810214	39494	352415	65074
重工业	25926022	128051	1726620	167747
三、按企业规模分组：				
小型企业	30801338	161563	2024905	227495
微型企业	1934898	5982	54130	5326
四、按行业分组：				
采矿业	5154	5	-5046	103
煤炭开采和洗选业				
石油和天然气开采业				
黑色金属矿采选业				
有色金属矿采选业	5154	5	-5046	103
非金属矿采选业				
开采专业及辅助性活动				
其他采矿业				
制造业	31732303	160642	1975424	228989
农副食品加工业	903271	1434	24315	3472
食品制造业	373063	2729	29937	5633

表 7—7　规模以上小微型工业企业主要经济指标（2020 年）（续表 5）

计量单位：万元

指　　标	主营业务收　　入	税金及附加	盈亏相抵后利润总额	从业人员平均人数（人）
酒、饮料和精制茶制造业	156523	7050	12136	1586
烟草制品业				
纺织业	117626	817	4223	1726
纺织服装、服饰业	640445	3316	13477	9834
皮革、毛皮、羽毛及其制品和制鞋业	69337	172	-3334	821
木材加工和木、竹、藤、棕、草制品业	82382	322	2023	763
家具制造业	94818	906	13608	2081
造纸和纸制品业	291909	1521	19004	1796
印刷和记录媒介复制业	296390	1830	8628	4457
文教、工美、体育和娱乐用品制造业	363842	1744	5831	4616
石油、煤炭及其他燃料加工业	104115	529	10938	446
化学原料和化学制品制造业	4901321	23249	393528	13885
医药制造业	822290	7298	77810	7554
化学纤维制造业	44755	764	21768	656
橡胶和塑料制品业	1107262	4468	56605	9853
非金属矿物制品业	2540362	15649	118851	15970
黑色金属冶炼和压延加工业	401548	2811	68215	1555
有色金属冶炼和压延加工业	1468619	1772	19972	2644
金属制品业	1476789	7752	87166	15635
通用设备制造业	2402624	15678	226412	23741
专用设备制造业	2163980	14283	231103	20945
汽车制造业	2256615	8967	35356	15201
铁路、船舶、航空航天和其他运输设备制造业	604050	3356	38568	6399
电气机械和器材制造业	3356883	11839	105155	20792
计算机、通信和其他电子设备制造业	3156716	12456	243465	23333
仪器仪表制造业	1341849	6519	96552	11435
其他制造业	52228	286	272	516
废弃资源综合利用业	118156	970	12588	1415
金属制品、机械和设备修理业	22535	157	1254	229
电力、热力、燃气及水生产和供应业	998778	6898	108656	3729
电力、热力生产和供应业	606289	4549	98254	1216
燃气生产和供应业	253786	333	9000	965
水的生产和供应业	138704	2016	1403	1548

表 7—8 规模以上工业企业能源购进、消费及库存（2020 年）

项目	购进	#工业生产消费	年末库存
原煤（吨）	24071717	24353947	914055
洗精煤（用于炼焦）（吨）	5457339	5614195	316178
焦炭（吨）	6925146	9145725	135407
焦炉煤气（万立方米）	108274	132070	
高炉煤气（万立方米）	425048	2334917	
转炉煤气（万立方米）	155072	190326	
天然气（气态）（万立方米）	266189	266113	26
液化天然气（吨）	1852	1849	3
氢气（万立方米）	60230	167127	60
原油（吨）	28902432	28877795	721064
汽油（吨）	11536	9783	48
煤油（吨）	150	165	4
柴油（吨）	51257	50507	1835
燃料油（吨）	639	769	15
液化石油气（吨）	36205	364241	967
炼厂干气（吨）	11090	873533	
石脑油（吨）	2201925	2143811	79291
润滑油（吨）	2500	2162	102
石蜡（吨）	13	13	
溶剂油（吨）	1830	1844	20
石油焦（吨）	90648	129000	8104
其他石油制品（吨）	8937994	13478125	35505
热力（百万千焦）	57821597	127906116	
电力（万千瓦时）	2787593	3436334	
城市生活垃圾（用于燃料）（吨）	2021819	2173891	284334
生物燃料（吨标准煤）	35714	35435	458
其他燃料（吨）	19235	19235	

注：本表口径为年主营业务收入在 2000 万元及以上的工业企业。

表7—9 规模以上工业企业能源加工转换与回收利用（2020年）

能源名称	消费量合计	加工转换合计	1、火力发电	2、供热	3、炼焦	4、炼油及煤制品	制气	加工转换产出	回收利用
原煤（吨）	24353204	19938717	14563876	3953815			1421026		
洗精煤（用于炼焦）（吨）	5614195	5614195			5614195				
焦炭（吨）	9125039							3797145	
焦炉煤气（万立方米）	131406	19601	9227	10374				138235	
高炉煤气（万立方米）	2297705	1036995	729714	307281					2353668
转炉煤气（万立方米）	190326	114608	84337	30271					198421
天然气（万立方米）	232231	123494	81073	32911			9510		
氢气（万立方米）	140131	103850				103850		224875	2689
原油（吨）	28875614	28869816				28869816			
汽油（吨）	716							6693617	
煤油（吨）	15							2942778	
柴油（吨）	10500	1313	1249	64				6113418	
燃料油（吨）	130							1094882	
液化石油气（吨）	358309							1236999	
炼厂干气（吨）	862443	81235	29118	52117				889620	
石脑油（吨）	2143811							3535551	
溶剂油（吨）								7080	
石油焦（吨）	124540	39416	4835	8724			25857	1061250	
石油沥青（吨）								2150370	
其他石油制品（吨）	12496688	11659939				11659939		12856833	
热力（百万千焦）	51860903							90382312	
电力（万千瓦时）	1835085							4563734	
城市生活垃圾(用于燃料)(吨)	2173891	2173891	2173891						
余热余压（百万千焦）	50562865	19027957	19027957						53392595
其他燃料（吨标准煤）	19235	19235	8167	11068				19235	

注：本表统计口径为年主营业务收入2000万元及以上有能源加工活动的工业企业。

表 7—10　规模以上工业企业能源产品生产销售与库存（2020 年）

产品名称	年初产成品库存	本年生产	本年销售	年末产成品库存
天然气(万立方米)		38353	33851	
非常规天然气(万立方米)		38353	33811	
煤层气		38353	33811	
原油（吨）	2689	460135	437093	4345
原油加工量（吨）		28869816		
汽油（吨）	27623	6693617	6662558	58657
煤油（吨）	55130	2942778	2906223	91670
柴油（吨）	57722	6113418	6112415	58641
润滑油（吨）	1555	39785	39436	1904
燃料油（吨）	5546	1094882	1069347	30963
石脑油（吨）	23712	3535551	3599112	
溶剂油（吨）	77	7080	7157	
石油焦（吨）	3255	1061250	1019776	2745
石油沥青（吨）	2165	2150370	2207536	25703
燃料气（吨）	5576	2126620	936880	4957
其中：液化石油气	5576	1236999	909703	4957
炼厂干气		889620	27177	
其他石油制品（吨）	775	12856833	8279830	566
焦炭（吨）		3797145	1609684	
发电量（万千瓦时）		4576182	3926190	
其中：火力发电量		4563734	3913781	
燃煤发电量		3488751	3165086	
燃气发电量		682700	626136	
余热、余压、余气发电量		280804	25784	
垃圾焚烧发电量		111478	96775	
风力发电		6423	6423	
太阳能发电量		6026	5987	
热力（百万千焦）		139941374	73730376	
化石燃料供热		90382312	59870152	
余热余压供热		49559062	13860224	

注：本表统计口径为年主营业务收入在 2000 万元及以上有能源产品生产销售活动的工业企业。

表 7—11 重点能源商品经销表（2020 年）

商品名称	年初商品库存	本年购进	本年销售	年末商品库存
原煤（吨）	1300539	98034425	97861460	1460004
洗精煤（用于炼焦）（吨）	5250	4935350	4935772	4060
其他洗煤（吨）	5264	110325	100861	3432
煤制品（吨）	22	22742	22751	13
焦炭（吨）	64000	4524368	4586169	2199
液化天然气（吨）	1265	138746	133384	4925
汽油（吨）	580675	15290964	15562676	391654
煤油（吨）	42995	582895	595537	30353
柴油（吨）	299456	9621816	9657535	320787
燃料油（吨）	36366	7925638	7902425	57952
液化石油气（吨）	233363	748697	685144	296854
石脑油（吨）	14855	515564	520528	9736
润滑油（吨）	6187	36107	37470	4814
溶剂油（吨）	792	43456	43654	560
石油焦（吨）	9534	1760518	1765220	4437
石油沥青（吨）	4485	880282	859037	25048

注：本表统计口径为有能源经销活动的有资质的建筑业、限额以上批发和零售业、限额以上住宿和餐饮业、有开发经营活动的全部房地产开发经营业和规模以上服务业等重点法人单位。

表 7—12 主要能源品种按工业行业分组消费量（2020 年）

行业分类	原煤（吨）	洗精煤（吨）	其他洗煤（吨）
总　　计	24353947	5614195	
石油和天然气开采业			
有色金属矿采选业			
农副食品加工业			
食品制造业			
酒、饮料和精制茶制造业			
烟草制品业			
纺织业			
纺织服装、服饰业			
皮革、毛皮、羽毛及其制品和制鞋业			
木材加工及木、竹、藤、棕、草制品业			
家具制造业			
造纸及纸制品业			
印刷业和记录媒介复制业			
文教、工美、体育和娱乐用品制造业			
石油加工、炼焦及核燃料加工业	1389600		
化学原料及化学制品制造业	3079650		
医药制造业			
化学纤维制造业			
橡胶和塑料制品业			
非金属矿物制品业	904641		
黑色金属冶炼及压延加工业	1664048	5614195	
有色金属冶炼及压延加工业	743		
金属制品业			
通用设备制造业			
专用设备制造业			
汽车制造业			
铁路、船舶、航空航天和其他运输设备制造业			
电气机械及器材制造业			
计算机、通信和其他电子设备制造业			
仪器仪表制造业			
其他制造业			
废弃资源综合利用业			
金属制品、机械和设备修理业			
电力、热力的生产和供应业	17315265		
燃气生产和供应业			
水的生产和供应业			

注：本表统计口径为年主营业务收入在 2000 万元及以上的工业企业。

表7—12 主要能源品种按工业行业分组消费量（2020年）（续表1）

行业分类	焦炭（吨）	焦炉煤气（万立方米）	高炉煤气（万立方米）
总　　计	9145725	132070	2334917
石油和天然气开采业			
有色金属矿采选业			
农副食品加工业			
食品制造业			
酒、饮料和精制茶制造业			
烟草制品业			
纺织业			
纺织服装、服饰业			
皮革、毛皮、羽毛及其制品和制鞋业			
木材加工及木、竹、藤、棕、草制品业			
家具制造业			
造纸及纸制品业			
印刷业和记录媒介复制业			
文教、工美、体育和娱乐用品制造业			
石油加工、炼焦及核燃料加工业			
化学原料及化学制品制造业			
医药制造业			
化学纤维制造业			
橡胶和塑料制品业			
非金属矿物制品业	40569	664	18151
黑色金属冶炼及压延加工业	9093409	131406	2297706
有色金属冶炼及压延加工业	11747		
金属制品业			19051
通用设备制造业			
专用设备制造业			
汽车制造业			
铁路、船舶、航空航天和其他运输设备制造业			
电气机械及器材制造业			9
计算机、通信和其他电子设备制造业			
仪器仪表制造业			
其他制造业			
废弃资源综合利用业			
金属制品、机械和设备修理业			
电力、热力的生产和供应业			
燃气生产和供应业			
水的生产和供应业			

表 7—12　主要能源品种按工业行业分组消费量（2020 年）（续表 2）

行业分类	转炉煤气（万立方米）	天然气（气态）（万立方米）	液化天然气（液态）（吨）
总　　计	190326	266113	1849
石油和天然气开采业		34	
有色金属矿采选业			
农副食品加工业		423	563
食品制造业		1062	36
酒、饮料和精制茶制造业		317	
烟草制品业		347	
纺织业		625	
纺织服装、服饰业		164	
皮革、毛皮、羽毛及其制品和制鞋业			
木材加工及木、竹、藤、棕、草制品业		35	464
家具制造业		28	
造纸及纸制品业		44	
印刷业和记录媒介复制业		461	
文教、工美、体育和娱乐用品制造业		100	
石油加工、炼焦及核燃料加工业		17688	
化学原料及化学制品制造业		138032	68
医药制造业		323	
化学纤维制造业		1163	
橡胶和塑料制品业		1910	
非金属矿物制品业		3717	587
黑色金属冶炼及压延加工业	190326	931	
有色金属冶炼及压延加工业		1982	
金属制品业		716	106
通用设备制造业		487	13
专用设备制造业		1172	
汽车制造业		3177	
铁路、船舶、航空航天和其他运输设备制造业		366	12
电气机械及器材制造业		4557	
计算机、通信和其他电子设备制造业		947	
仪器仪表制造业		12	
其他制造业		14	
废弃资源综合利用业		309	
金属制品、机械和设备修理业			
电力、热力的生产和供应业		84970	
燃气生产和供应业			
水的生产和供应业			

表 7—12 主要能源品种按工业行业分组消费量（2020 年）（续表 3）

行业分类	原油（吨）	汽油（吨）	煤油（吨）
总　　计	28877795	9783	165
石油和天然气开采业	2181	257	
有色金属矿采选业			
农副食品加工业		68	
食品制造业		47	
酒、饮料和精制茶制造业		43	
烟草制品业			
纺织业		18	
纺织服装、服饰业		112	
皮革、毛皮、羽毛及其制品和制鞋业		58	
木材加工及木、竹、藤、棕、草制品业		8	
家具制造业		7	
造纸及纸制品业		38	
印刷业和记录媒介复制业		175	
文教、工美、体育和娱乐用品制造业		113	
石油加工、炼焦及核燃料加工业	16779692	117	
化学原料及化学制品制造业	12095922	453	16
医药制造业		66	
化学纤维制造业			
橡胶和塑料制品业		232	
非金属矿物制品业		190	42
黑色金属冶炼及压延加工业		548	
有色金属冶炼及压延加工业		105	
金属制品业		662	1
通用设备制造业		453	40
专用设备制造业		422	
汽车制造业		677	
铁路、船舶、航空航天和其他运输设备制造业		271	
电气机械及器材制造业		3485	
计算机、通信和其他电子设备制造业		546	61
仪器仪表制造业		412	
其他制造业		4	
废弃资源综合利用业		12	
金属制品、机械和设备修理业			5
电力、热力的生产和供应业			
燃气生产和供应业		25	
水的生产和供应业		159	

表 7—12 主要能源品种按工业行业分组消费量（2020 年）（续表 4）

行业分类	柴油（吨）	燃料油（吨）	液化石油气（吨）	炼厂干气（吨）
总计	50507	769	364241	873533
石油和天然气开采业	1399			
有色金属矿采选业				
农副食品加工业	338		25	
食品制造业	2		4	
酒、饮料和精制茶制造业				
烟草制品业	18			
纺织业	16			
纺织服装、服饰业	74			
皮革、毛皮、羽毛及其制品和制鞋业	30			
木材加工及木、竹、藤、棕、草制品业	56			
家具制造业	4			
造纸及纸制品业	96			
印刷业和记录媒介复制业	502			
文教、工美、体育和娱乐用品制造业	107		114	
石油加工、炼焦及核燃料加工业	97		4487	715082
化学原料及化学制品制造业	4157	118	354742	157643
医药制造业	114			
化学纤维制造业	295		136	
橡胶和塑料制品业	184			
非金属矿物制品业	25940		41	808
黑色金属冶炼及压延加工业	5700			
有色金属冶炼及压延加工业	452			
金属制品业	1232		3409	
通用设备制造业	504		348	
专用设备制造业	1165			
汽车制造业	1337		9	
铁路、船舶、航空航天和其他运输设备制造业	1146	622	803	
电气机械及器材制造业	388	17	50	
计算机、通信和其他电子设备制造业	400			
仪器仪表制造业	65		73	
其他制造业				
废弃资源综合利用业	1982			
金属制品、机械和设备修理业	5			
电力、热力的生产和供应业	1969	12		
燃气生产和供应业	732			
水的生产和供应业	1			

表 7—12　主要能源品种按工业行业分组消费量（2020 年）（续表 5）

行业分类	石脑油（吨）	润滑油（吨）	石蜡（吨）	溶剂油（吨）
总　　计	2143811	2162	13	1844
石油和天然气开采业		23		
有色金属矿采选业				
农副食品加工业				
食品制造业				
酒、饮料和精制茶制造业				
烟草制品业				
纺织业				
纺织服装、服饰业				
皮革、毛皮、羽毛及其制品和制鞋业				
木材加工及木、竹、藤、棕、草制品业				
家具制造业				
造纸及纸制品业				500
印刷业和记录媒介复制业				
文教、工美、体育和娱乐用品制造业				
石油加工、炼焦及核燃料加工业				
化学原料及化学制品制造业	2143811	23		1340
医药制造业				
化学纤维制造业				
橡胶和塑料制品业				
非金属矿物制品业		46		
黑色金属冶炼及压延加工业				
有色金属冶炼及压延加工业				
金属制品业		13	13	
通用设备制造业		1425		4
专用设备制造业		111		
汽车制造业		456		
铁路、船舶、航空航天和其他运输设备制造业		41		
电气机械及器材制造业		2		
计算机、通信和其他电子设备制造业				
仪器仪表制造业		1		
其他制造业				
废弃资源综合利用业		21		
金属制品、机械和设备修理业				
电力、热力的生产和供应业				
燃气生产和供应业				
水的生产和供应业				

表 7—12　主要能源品种按工业行业分组消费量（2020 年）（续表 6）

行业分类	石油焦（吨）	其它石油制品（吨）	热力（百万千焦）	电力（万千瓦时）
总　　计	129000	13478125	127906116	3436334
石油和天然气开采业				13007
有色金属矿采选业				4429
农副食品加工业			549550	11910
食品制造业			1025999	14906
酒、饮料和精制茶制造业			207309	9873
烟草制品业				3366
纺织业			53435	10716
纺织服装、服饰业			17189	8518
皮革、毛皮、羽毛及其制品和制鞋业				1163
木材加工及木、竹、藤、棕、草制品业			1866	1030
家具制造业				3394
造纸及纸制品业			7125	7263
印刷业和记录媒介复制业			34393	10119
文教、工美、体育和娱乐用品制造业				3740
石油加工、炼焦及核燃料加工业	39488	8597195	27367737	189160
化学原料及化学制品制造业	2492	4879013	53366222	1008424
医药制造业			698712	33815
化学纤维制造业			1813676	16414
橡胶和塑料制品业			229343	49906
非金属矿物制品业	87020		3522672	118382
黑色金属冶炼及压延加工业			35401794	844679
有色金属冶炼及压延加工业				14969
金属制品业			94478	43756
通用设备制造业		1681	36534	83108
专用设备制造业			4431	22375
汽车制造业		236	290004	112664
铁路、船舶、航空航天和其他运输设备制造业			11966	18325
电气机械及器材制造业			1815299	169526
计算机、通信和其他电子设备制造业			438784	275791
仪器仪表制造业			219	10961
其他制造业				8081
废弃资源综合利用业				4008
金属制品、机械和设备修理业				74
电力、热力的生产和供应业			909531	249637
燃气生产和供应业				804
水的生产和供应业			7848	58041

表 7—12 主要能源品种按工业行业分组消费量（2020 年）（续表 7）

行业分类	氢气（万立方米）	城市生活垃圾（用于燃料）（吨）	生物燃料（吨标准煤）
总　　计	167127	2173891	35435
石油和天然气开采业			
有色金属矿采选业			
农副食品加工业			2487
食品制造业			804
酒、饮料和精制茶制造业			3057
烟草制品业			
纺织业			235
纺织服装、服饰业			6238
皮革、毛皮、羽毛及其制品和制鞋业			
木材加工及木、竹、藤、棕、草制品业			
家具制造业			
造纸及纸制品业			
印刷业和记录媒介复制业			256
文教、工美、体育和娱乐用品制造业			1202
石油加工、炼焦及核燃料加工业	98557		
化学原料及化学制品制造业	68562		2372
医药制造业			
化学纤维制造业			
橡胶和塑料制品业			7750
非金属矿物制品业			8382
黑色金属冶炼及压延加工业			
有色金属冶炼及压延加工业			2389
金属制品业			10
通用设备制造业			95
专用设备制造业			
汽车制造业			
铁路、船舶、航空航天和其他运输设备制造业			158
电气机械及器材制造业	1		
计算机、通信和其他电子设备制造业	7		
仪器仪表制造业			
其他制造业			
废弃资源综合利用业			
金属制品、机械和设备修理业			
电力、热力的生产和供应业		2173891	
燃气生产和供应业			
水的生产和供应业			

表 7—13 工业行业综合能耗（2020 年）

行业分类	综合能源消费量（吨标准煤）	增幅（%）
全部工业企业	37944934	-2.45
石油和天然气开采业	21925	-14.24
有色金属矿采选业	5443	1.53
农副食品加工业	43064	3.74
食品制造业	68315	1.97
酒、饮料和精制茶制造业	26545	-21.59
烟草制品业	7985	3.64
纺织业	23108	-29.91
纺织服装、服饰业	19643	-18.38
皮革、毛皮、羽毛及其制品和制鞋业	1559	-17.60
木材加工和木、竹、藤、棕、草制品业	2708	36.70
家具制造业	4563	-14.04
造纸和纸制品业	10681	-9.35
印刷和记录媒介复制业	20954	8.34
文教、工美、体育和娱乐用品制造业	7645	-8.12
石油、煤炭及其他燃料加工业	2893338	-3.28
化学原料和化学制品制造业	14184753	-9.23
医药制造业	69778	20.87
化学纤维制造业	88979	-19.51
橡胶和塑料制品业	101196	-1.25
非金属矿物制品业	1095985	-7.63
黑色金属冶炼和压延加工业	11070426	6.58
有色金属冶炼和压延加工业	58802	-0.65
金属制品业	95196	0.69
通用设备制造业	116357	-0.47
专用设备制造业	44830	3.38
汽车制造业	193136	-7.37
铁路、船舶、航空航天和其他运输设备制造业	32362	-9.13
电气机械和器材制造业	334583	20.53
计算机、通信和其他电子设备制造业	366629	4.67
仪器仪表制造业	14464	-8.58
其他制造业	10128	10.86
废弃资源综合利用业	11865	12.36
金属制品、机械和设备修理业	105	14.74
电力、热力生产和供应业	6823957	-0.43
燃气生产和供应业	2092	-12.97
水的生产和供应业	71835	0.55

注：本表统计口径为年主营业务收入在 2000 万元及以上的工业企业。

表 7—14 规模以上工业企业主要单位产品能源消耗

指标名称	计量单位	2020 年	2019 年	比上年增减%
单位油气产量综合能耗	千克标准煤/吨	28.6	34.6	-17.3
单位油气产量耗电	千瓦时/吨	169.9	167.4	1.5
炼焦工序单位能耗	千克标准煤/吨	112.7	111.1	1.4
原油加工单位综合能耗	千克标准油/吨	62.8	63.6	-1.3
原油加工单位耗电	千瓦时/吨	54.4	54.9	-0.9
单位烧碱生产综合能耗（离子膜法 30%）	千克标准煤/吨	325.2	342.2	-5.0
单位烧碱生产耗交流电（离子膜法 30%）	千瓦时/吨	2119.5	2200.6	-3.7
单位乙烯生产综合能耗	千克标准煤/吨	794.9	789.2	0.7
单位乙烯生产耗电	千瓦时/吨	121.1	114.8	5.5
单位合成氨生产综合能耗	千克标准煤/吨	1509.5	1563.1	-3.4
单位合成氨耗电	千瓦时/吨	251.3	265.5	-5.4
单位合成氨耗原料煤	千克标煤/吨	1527.5	1490.4	2.5
吨水泥熟料综合能耗	千克标准煤/吨	105.0	105.8	-0.8
吨水泥熟料综合电耗	千瓦时/吨	50.6	52.1	-2.8
吨水泥熟料烧成标准煤耗	千克标准煤/吨	95.7	96.4	-0.7
吨水泥综合能耗	千克标准煤/吨	85.1	86.8	-1.9
吨水泥综合电耗	千瓦时/吨	67.3	68.6	-1.9
吨水泥标准煤耗	千克标准煤/吨	80.0	82.1	-2.6
吨钢综合能耗	千克标准煤/吨	596.6	593.5	0.5
吨钢耗电	千瓦时/吨	397.8	387.5	2.6
吨钢可比能耗	千克标准煤/吨	535.0	535.0	
炼铁工序单位能耗	千克标准煤/吨	396.7	392.6	1.1
铁矿烧结工序单位能耗	千克标准煤/吨	49.1	49.8	-1.5
转炉炼钢综合工序单位能耗	千克标准煤/吨	-17.4	-17.8	
电炉炼钢综合工序单位能耗	千克标准煤/吨	41.8	53.5	-21.8
电炉炼钢综合电力消耗	千瓦时/吨	291.1	272.6	6.8
轧钢工序单位能耗	千克标准煤/吨	57.7	57.1	1.1
轧钢工序单位电力消耗	千瓦时/吨	97.1	96.2	0.9
吨钢耗新水	吨/吨	2.7	3.0	-8.9
电厂火力发电标准煤耗	克标准煤/千瓦时	272.5	272.6	-0.1
电厂火力供电标准煤耗	克标准煤/千瓦时	283.8	285.0	-0.4
发电厂用电率	%	4.0	4.3	-6.8

注：1、本表统计口径为年耗能万吨及以上工业企业。
　　2、本表中的本、同期指标值为按国家目录统计的生产每单位产品的能源消耗量。

表 7—15　规模以上工业企业取水总量按行业分类（2020 年）

计量单位：万立方米

行业分类	工业取水总量				重复用水总量
	合　计	#自来水	地表水	地下水	
总　　计	180196.59	21766.53	156233.39	182.77	755692.36
石油和天然气开采业	116.68	29.69	25.70	61.29	
有色金属矿采选业	77.61	10.22		67.39	203.68
农副食品加工业	187.47	166.81		20.47	
食品制造业	383.42	383.17	0.25		0.26
酒、饮料和精制茶制造业	292.81	292.81			152.60
烟草制品业	33.91	33.91			298.92
纺织业	73.78	73.78			11.22
纺织服装、服饰业	190.74	140.76	49.85	0.13	0.46
皮革、毛皮、羽毛及其制品和制鞋业	8.66	7.78		0.88	
木材加工和木、竹、藤、棕、草制品业	8.68	8.68			
家具制造业	27.04	26.41	0.26	0.37	0.04
造纸和纸制品业	23.56	23.53	0.02		
印刷和记录媒介复制业	53.12	53.07		0.04	0.25
文教、工美、体育和娱乐用品制造业	42.28	42.09	0.06	0.13	0.09
石油、煤炭及其他燃料加工业	2072.33	50.94	2021.39		1927.12
化学原料和化学制品制造业	13444.66	9365.88	3914.98	9.69	431160.95
医药制造业	504.72	503.76			18.53
化学纤维制造业	6288.20	593.80	5694.41		1.32
橡胶和塑料制品业	195.78	195.43	0.10	0.22	316.81
非金属矿物制品业	1399.43	666.92	689.62	18.22	843.97
黑色金属冶炼和压延加工业	6388.63	23.01	6365.30	0.32	272242.62
有色金属冶炼和压延加工业	77.49	76.89	0.21	0.39	305.66
金属制品业	294.56	293.93	0.10	0.54	187.72
通用设备制造业	405.86	401.79	3.58	0.47	773.63
专用设备制造业	244.44	243.77	0.36	0.22	46.34
汽车制造业	833.22	829.54	2.01	1.09	100.36
铁路、船舶、航空航天和其他运输设备制造业	144.96	144.96			164.11
电气机械和器材制造业	1032.49	1030.95	0.66	0.88	124.45
计算机、通信和其他电子设备制造业	2891.40	2890.61	0.71	0.03	1539.49
仪器仪表制造业	95.21	95.18	0.03		
其他制造业	16.37	16.37			
废弃资源综合利用业	94.90	56.72	38.18		47.69
金属制品、机械和设备修理业	0.87	0.87			
电力、热力生产和供应业	11361.25	412.65	9128.33		45223.97
燃气生产和供应业	18.44	17.86			0.10
水的生产和供应业	130871.62	2561.99	128297.28		

注：本表口径为年主营业务收入在 2000 万元及以上的工业企业。

表 7—16　2000 年以来全社会用电量

计量单位：万千瓦时

年　份	全社会用电量	第一产业用电量	第二产业用电量	第三产业用电量
2000	1377395			
2001	1484439			
2002	1620788			
2003	1840333			
2004	2072997	15625	1516541	280799
2005	2466661	14507	1772227	377701
2006	2705710	14117	1906213	435703
2007	2991293	14806	2104964	503645
2008	3107922	15350	2109267	567103
2009	3370545	16264	2274994	626941
2010	3736638	16871	2461481	728152
2011	3997431	18313	2605097	844872
2012	4249554	18853	2699199	930843
2013	4626718	19536	2920266	1011428
2014	4704973	20441	2946677	1130462
2015	4951753	23820	3069749	1204713
2016	5247863	30133	3167669	1285568
2017	5569607	31438	3243525	1483254
2018	6064005	18389	3381783	1734407
2019	6215283	19160	3357175	1872079
2020	6329425	18660	3481973	1854276

表 7—17　2000 年以来工业和城乡居民生活用电量

计量单位：万千瓦时

年　份	工业用电量	城乡居民生活用电量
2000	983357	161776
2001	1050714	214813
2002	1160082	189578
2003	1297208	233660
2004	1476061	260031
2005	1735282	302226
2006	1870393	349677
2007	2071067	367878
2008	2077025	416202
2009	2237473	452346
2010	2426591	530134
2011	2568421	529149
2012	2656421	600659
2013	2867065	675488
2014	2890160	607393
2015	3005429	653471
2016	3108114	764493
2017	3181389	811390
2018	3312687	929426
2019	3272563	966869
2020	3388753	974516

表 7—18　主要年份规模以上工业企业职工人数、主营业务收入

年　份	职工人数 （万人）	主营业务收入 （万元）
1978		479852
1979	55.26	567621
1980	58.66	616995
1981	62.90	610863
1982	65.58	668852
1983	70.87	752944
1984	71.41	876503
1985	78.50	1120919
1986	81.32	1151405
1987	85.18	1508476
1988	86.52	1845851
1989	85.66	2202471
1990	86.26	2477840
1992	89.50	4081394
1993	87.95	5642341
1994	90.74	6608363
1995	92.17	8645998
1996	86.92	9197414
1997	81.97	10077056
1998	75.04	11624513
1999	68.13	12534665
2000	62.04	15402200
2004	55.24	30914407
2005	56.27	40273019
2007	59.29	58189978
2008	70.96	66355400
2009	73.39	67309878
2010	80.59	86253519
2011	78.11	104723129
2012	79.71	112832558
2013	79.71	124252054
2014	80.64	130038382
2015	78.42	121806956
2016	74.44	124423598
2017	64.26	109364660
2018	64.41	121572303
2019	57.00	113689366
2020	60.14	119266780

表 7—19　2020 年大中型工业企业名单

企业名称	规模	企业名称	规模
中国石化股份有限公司金陵分公司	大型	国电南瑞科技股份有限公司	大型
中国石化扬子石油化工有限公司	大型	南京钢铁有限公司	大型
南京钢铁股份有限公司	大型	南京乐金化学新能源电池有限公司	大型
中兴通讯（南京）有限责任公司	大型	吉宝通讯（南京）有限公司	大型
上海梅山钢铁股份有限公司	大型	台积电（南京）有限公司	大型
上汽大众汽车有限公司南京分公司	大型	中车南京浦镇车辆有限公司	大型
乐金化学（南京）信息电子材料有限公司	大型	仕达利恩（南京）光电有限公司	大型
江苏中烟工业有限责任公司南京卷烟厂	大型	南京中电熊猫平板显示科技有限公司	大型
乐金显示（南京）有限公司	大型	上汽大通汽车有限公司南京分公司	大型
喜星电子（南京）有限公司	大型	南京夏普电子有限公司	大型
长安马自达汽车有限公司	大型	乐金化学（南京）新能源科技有限公司	大型
南京金江冶金炉料有限公司	大型	博西华电器（江苏）有限公司	大型
扬子石化-巴斯夫有限责任公司	大型	南京德朔实业有限公司	大型
南京汽车集团有限公司	大型	南京乐金熊猫电器有限公司	大型
南京高速齿轮制造有限公司	大型	南京群志光电有限公司	大型
南京南瑞继保工程技术有限公司	大型	瑞仪光电（南京）有限公司	大型
南京中车浦镇城轨车辆有限责任公司	大型	艾欧史密斯（中国）热水器有限公司	大型
国电南瑞南京控制系统有限公司	大型	南京依维柯汽车有限公司	大型
南京爱立信熊猫通信有限公司	大型	中电莱斯信息系统有限公司	大型

表 7—19　2020 年大中型工业企业名单（续表 1）

企业名称	规模	企业名称	规模
中国石化集团南京化学工业有限公司	大型	南京国博电子有限公司	大型
南京南钢产业发展有限公司	大型	南京玻璃纤维研究设计院有限公司	大型
舍弗勒（南京）有限公司	大型	长安马自达发动机有限公司	大型
江苏奥赛康药业有限公司	大型	中国石油化工股份有限公司华东油气分公司	大型
南京顶益食品有限公司	大型	南京造币有限公司	大型
南京高精齿轮集团有限公司	大型	南京泉峰汽车精密技术股份有限公司	大型
南京正大天晴制药有限公司	大型	菲尼克斯亚太电气（南京）有限公司	大型
南京中电熊猫液晶显示科技有限公司	大型	南京喜之郎食品有限公司	大型
西门子数控（南京）有限公司	大型	江苏中圣压力容器装备制造有限公司	大型
南京创维家用电器有限公司	大型	南京冠盛汽配有限公司	大型
中国石化集团金陵石油化工有限责任公司	大型	艾欧史密斯（中国）环境电器有限公司	大型
南京南瑞继保电气有限公司	大型	代傲电子控制（南京）有限公司	大型
南京金龙客车制造有限公司	大型	南京金斯瑞生物科技有限公司	大型
熊猫电子集团有限公司	大型	英华达（南京）科技有限公司	大型
南京卫岗乳业有限公司	大型	南微医学科技股份有限公司	大型
南京港华燃气有限公司	大型	南京水务集团有限公司	大型
南京康尼机电股份有限公司	大型	南京京滨化油器有限公司	大型
南京天加环境科技有限公司	大型	南京科远智慧科技集团股份有限公司	大型
南京汽轮电机（集团）有限责任公司	大型	南京我乐家居智能制造有限公司	大型
江苏太古可口可乐饮料有限公司	大型	南京金陵金箔集团股份有限公司	大型
南京奥托立夫汽车安全系统有限公司	大型	南京圣和药业股份有限公司	大型

表 7—19　2020 年大中型工业企业名单（续表 2）

企业名称	规模	企业名称	规模
南京 LG 新港新技术有限公司	中型	江苏钟山化工有限公司	中型
南京扬子石油化工有限责任公司	中型	南京联塑科技实业有限公司	中型
塞拉尼斯（南京）化工有限公司	中型	东爵有机硅（南京）有限公司	中型
南京中联混凝土有限公司	中型	南京奥特佳新能源科技有限公司	中型
国电南京自动化股份有限公司	中型	南京聚隆科技股份有限公司	中型
南京诚志清洁能源有限公司	中型	南京炼油厂有限责任公司	中型
南京健友生化制药股份有限公司	中型	江苏中旗科技股份有限公司	中型
南京乐金汽车零部件有限公司	中型	南京四方亿能电力自动化有限公司	中型
华能南京金陵发电有限公司	中型	南京药石科技股份有限公司	中型
南京福邦特东方化工有限公司	中型	南京红宝丽聚氨酯有限公司	中型
南京云海特种金属股份有限公司	中型	南京长安汽车有限公司	中型
南京绿叶制药有限公司	中型	南京诺唯赞生物科技股份有限公司	中型
江苏德纳化学股份有限公司	中型	法雷奥凯佩科液力变矩器（南京）有限公司	中型
南京国电南自电网自动化有限公司	中型	南京中燃城市燃气发展有限公司	中型
南京创维平面显示科技有限公司	中型	精博电子（南京）有限公司	中型
江苏苏博特新材料股份有限公司	中型	安百拓（南京）建筑矿山设备有限公司	中型
南京汇众汽车底盘系统有限公司	中型	南京宝色股份公司	中型
中国石化集团资产经营管理有限公司扬子石化分公司	中型	南京消防器材股份有限公司	中型
蓝星安迪苏南京有限公司	中型	南京大全电气有限公司	中型
江苏双龙集团有限公司	中型	马勒发动机零部件（南京）有限公司	中型
南京莱斯康电子有限公司	中型	南京莱斯信息技术股份有限公司	中型
江苏南热发电有限责任公司	中型	江苏大洋海洋装备有限公司	中型
南京化学工业园热电有限公司	中型	江苏塔菲尔新能源科技股份有限公司	中型
南京先声东元制药有限公司	中型	南京协众汽车空调集团有限公司	中型
大唐南京发电厂	中型	布雷博（南京）制动系统有限公司	中型
南京创源天地动力科技有限公司	中型	南京钛白化工有限责任公司	中型
南京优科制药有限公司	中型	江苏金陵机械制造总厂	中型
南京邦奇自动变速箱有限公司	中型	南京熊猫电子制造有限公司	中型
南京华信藤仓光通信有限公司	中型	江苏南瑞帕威尔电气有限公司	中型
扬子江药业集团南京海陵药业有限公司	中型	南京中车浦镇海泰制动设备有限公司	中型
南京六九零二科技有限公司	中型	华能国际电力股份有限公司南京电厂	中型

表 7—19 2020 年大中型工业企业名单（续表 5）

企业名称	规模	企业名称	规模
南京甘汁园糖业有限公司	中型	南京万德体育产业集团有限公司	中型
南京志卓电子科技有限公司	中型	南京佳盛机电器材制造有限公司	中型
南京际华五三零二服饰装具有限责任公司	中型	南京工艺装备制造有限公司	中型
江苏大烨智能电气股份有限公司	中型	南京东陶有限公司	中型
南京恒电电子有限公司	中型	南京扬子动力工程有限责任公司	中型
南京亿高微波系统工程有限公司	中型	泰艺电子（南京）有限公司	中型
南京小洋人生物科技发展有限公司	中型	江苏康缘阳光药业有限公司	中型
南京白敬宇制药有限责任公司	中型	南京润京乳胶制品有限公司	中型
南京飞燕活塞环股份有限公司	中型	南京特种电机厂有限公司	中型
胡连电子（南京）有限公司	中型	江苏雨润肉食品有限公司	中型
南京圣诺热管有限公司	中型	丸仁电子（南京）有限公司	中型
南京盛溪印刷包装有限公司	中型	南京斯瑞奇医疗用品有限公司	中型
江苏中圣管道工程技术有限公司	中型	南京茂莱光学科技股份有限公司	中型
南京巨鲨显示科技有限公司	中型	南京康尼精密机械有限公司	中型
南京冠佳科技有限公司	中型	南京华东电子信息科技股份有限公司	中型
南京冠石科技股份有限公司	中型	华天科技（南京）有限公司	中型
蒂森克虏伯发动机零部件（中国）有限公司	中型	南京波长光电科技股份有限公司	中型
南京模拟技术研究所	中型	南京西普尔科技实业有限公司	中型
江苏集萃药康生物科技有限公司	中型	南京力高建筑构件有限公司	中型
南京南条全兴汽车内饰系统有限公司	中型	南京金城机械有限公司	中型
南京创思特服饰有限公司	中型	南京百江液化气有限公司	中型
江苏高淳陶瓷股份有限公司	中型	南京扬子塑料化工有限责任公司	中型
南京塔塔汽车零部件系统有限公司	中型	南京中盛铁路车辆配件有限公司	中型
南京鑫业电动工具制造有限公司	中型	江苏艾思飞精密零部件有限公司	中型
南京磐能电力科技股份有限公司	中型	南京苏美达创元制衣有限公司	中型
南京汤峰机电有限公司	中型	南京高华科技股份有限公司	中型
南京扬子检修安装有限责任公司	中型	南京派格斯游乐设备有限公司	中型
南京金梦都工贸实业有限责任公司	中型	江苏中车数字科技有限公司	中型
东盟电气集团南京股份有限公司	中型	南京斯迪兰德机械科技有限公司	中型
南京沪江复合材料股份有限公司	中型	南京化纤股份有限公司	中型
南京云海轻金属精密制造有限公司	中型	南京老山药业股份有限公司	中型

表 7—19　2020 年大中型工业企业名单（续表 6）

企业名称	规模	企业名称	规模
南京梅山工程技术新产业开发有限公司	中型	南京市欣旺达新能源有限公司	中型
伟创力（南京）科技有限公司	中型	南京东翔制衣有限公司	中型
南京海欣丽宁长毛绒有限公司	中型	南京达盈新型材料有限公司	中型
南京肯特复合材料股份有限公司	中型	得润双飞电气系统南京有限公司	中型
南京长明光电科技有限公司	中型	南京熊猫电子股份有限公司	中型
南京速鸿电子科技有限公司	中型	南京佳和日化有限公司	中型
南京东亚高新材料有限公司	中型	江苏凤凰新华印务集团有限公司	中型
江苏金恒信息科技股份有限公司	中型	南京金浦利轨道车辆装备有限公司	中型
南京扬子检维修有限责任公司	中型	南京爱沁缘服饰有限公司	中型
南京制药厂有限公司	中型	南京克莉丝汀食品有限公司	中型
南京拓邦微电子有限公司	中型	江苏苏美达创为针织服饰有限公司	中型
永镫科技（南京）有限公司	中型	南京禾诚石化装备工程有限公司	中型
南京苏美达服装技术研发有限公司	中型	南京圣可尼服饰实业有限公司	中型
南京梦丽偲纺织品有限公司	中型	江苏花山集团有限公司	中型
南京昊天制衣有限公司	中型	江苏东航食品有限公司	中型
南京二机齿轮机床有限公司	中型	南京南梅金属加工有限公司	中型
南京美华羽绒制品有限公司羽绒制品厂	中型	江苏金丝服装有限公司	中型
南京诺尔曼生物技术有限公司	中型	江苏先声医学诊断有限公司	中型
南京红森林食品有限公司	中型	南京同方制衣有限责任公司	中型
南京江南永新光学有限公司	中型	南京益发电气自动化有限公司	中型
南京奥特佳祥云冷机有限公司	中型	南京群力运动器材有限公司	中型
上海瑞博密封件南京有限公司	中型	中泰建机（南京）机械科技有限公司	中型
南京普天通信股份有限公司	中型	南京奥威服装有限公司	中型
侨伟运动器材（南京）有限公司	中型	南京岚煜生物科技有限公司	中型
南京熊猫信息产业有限公司	中型	南京争锋信息科技有限公司	中型
南京海尔曼斯集团服装有限公司	中型	南京知豆新能源汽车有限公司	中型
南京春辉科技实业有限公司	中型	江苏苏美达创智服装科技发展有限公司	中型
南京钢铁集团江苏冶金机械有限公司	中型	南京苏美达吉杰欧服装有限公司	中型
南京臣功制药股份有限公司	中型	江苏优尔蓝信息科技股份有限公司	中型
南京海尔曼斯集团有限公司	中型	高淳县东艺制衣有限公司	中型
南京迦南比逊科技有限公司	中型	锦泓时装集团股份有限公司	中型
南京熊猫电子装备有限公司	中型		

主要统计指标解释

工业 指从事自然资源的开采，对采掘品和农产品进行加工和再加工的物质生产部门。具体包括：（1）对自然资源的开采，如采矿、晒盐、森林采伐等（但不包括禽兽捕猎和水产捕捞）；（2）对农副产品的加工、再加工，如粮油加工、食品加工、轧花、缫丝、纺织、制革等；（3）对采掘品的加工、再加工，如炼铁、炼钢、化工生产、石油加工、机器制造、木材加工等，以及电力、自来水、煤气的生产和供应等；（4）对工业品的修理、翻新，如机器设备的修理、交通运输工具（包括小卧车）的修理等。

1984年以前农村的村及村以下办工业归属农业，1984年以后划归工业。

国有及国有控股企业 指国有企业加上国有控股企业。国有企业是指企业全部资产归国家所有，并按《中华人民共和国企业法人登记管理条例》规定登记注册的非公司制的经济组织。1957年以前的公私合营和私营工业，后均改造为国营工业，1992年改为国有工业，这部分工业的资料不单独分列时，均包括在国有企业内。国有控股企业是对混合所有制经济的企业进行的“国有控股”分类。它是指这些企业的全部资产中国有资产（股份）相对其他所有者中的任何一个所有者占资（股）最多的企业。该分组反映了国有经济控股情况。

集体企业 指企业资产归集体所有，并按《中华人民共和国企业法人登记管理条例》规定登记注册的经济组织。是社会主义公有制经济的组成部分。包括城乡所有使用集体投资举办的企业，以及部分个人通过集资自愿放弃所有权并依法经工商行政管理机关认定为集体所有制的企业。

股份合作企业 指以合作制为基础，由企业职工共同出资入股，吸收一定比例的社会资产投资组建，实行自主经营，自负盈亏，共同劳动，民主管理，按劳分配与按股分红相结合的一种集体经济组织。

联营企业 指两个及两个以上相同或不同所有制性质的企业法人或事业单位法人，按自愿、平等、互利的原则，共同投资组成的经济组织。联营企业包括：国有联营企业指国有企业与国有企业间的联营；集体联营企业指集体企业与集体企业间的联营；国有与集体联营企业指国有企业与集体企业间的联营。

有限责任公司 指根据《中华人民共和国公司登记管理条例》规定登记注册，由两个以上，五十个以下的股东共同出资，每个股东以其所认缴的出资额对公司承担有限责任，公司以其全部资产对其债务承担责任的经济组织。

有限责任公司包括国有独资公司以及其他有限责任公司。

股份有限公司 指根据《中华人民共和国企业法人登记管理条例》规定登记注册，其全部注册资本由等额股份构成并通过发行股票筹集资本，股东以其认购的股份对公司承担有限责任，公司以其全部资产对其债务承担责任的经济组织。

私营企业 指由自然人投资设立或由自然人控股，以雇佣劳动为基础的营利性经济组织。包括按照《公司法》《合伙企业法》《私营企业暂行条例》规定登记注册的私营有限责任公司、私营股份有限公司、私营合伙企业和私营独资企业。

港、澳、台商投资企业 指企业注册登记类型中的港、澳、台资合资、合作、独资经营企业和股份有限公司之和。

外商投资企业 指企业注册登记类型中的中外合资、合作经营企业、外资企业和外商投资股份有限公司之和。

“三资”企业 系指港、澳、台商投资企业和外资企业的简称。

轻工业 指主要提供生活消费品和制作手工工具的工业。按其所使用的原料不同，可分为两大类：（1）以农产品为原料的轻工业，是指直接或间接以农产品为基本原料的轻工业。主要包括食品制造、饮料制造、烟草加工、纺织、缝纫、皮革和毛皮制作、造纸以及印刷等工业；（2）以非农产品为原料的轻工业，是指以工业品为原料的轻工业。主要包括文教体育用品、化学药品制造、合成纤维制造、日用化学制品、日用玻璃制品、日用金属制品、手工工具制造、医疗器械制造、文化和办公用机械制造等工业。

重工业 是指为国民经济各部门提供物质技术基础的主要生产资料的工业。按其生产性质和产品用途，可以分为下列三类：（1）采掘（伐）工业，是指对自然资源的开采，包括石油开采、煤炭开采、金属矿开采、非金属矿开采和木材采伐等工业；（2）原材料工业，指向国民经济各部门提供基本材料、动力和燃料的工业。包括金属冶炼及加工、炼焦及焦炭、化学、化工原料、水泥、人造板以及电力、石油和煤炭加工等工业；（3）加工工业，是指对工业原材料进行再加工制造的工业。包括装备国民经济各部门的机械设备制造工业、金属结构、水泥制品等工业，以及为农业提供的生产资料如化肥、农药等工业。

根据上述划分原则，修理业中以重工业产品为修理作业对象的划为重工业，反之划为轻工业。

工业总产值 是以货币表现的工业企业在一定时期内生产的已出售或可供出售工业产品总量，它反映一定时间内工业生产的总规模和总水平。它包括：在本企业内不再进行加工，经检验、包装入库（规定不需包装的产品除外）的成品价值，对外加工费收入，自制半成品、在产品期末初差额价值。工业总产值采用“工厂法”计算，即以工业企业作为一个整体，按企业工业生产活动的最终成果来计算，企业内部不允许重复计算，不能把企业内部各个车间（分厂）生产的成果相加。但在企业之间、行业之间、地区之间存在着重复计算。

轻重工业总产值的划分是按“工厂法”计算的，即一个工业企业生产的主要产品性质属于轻工业，则该企业的全部总产值作为轻工业总产值；如它的主要产品性质属于重工业，则该企业的全部总产值作为重工业总产值。

实收资本 指企业实际收到的投资人投入的资本。按投资主体可分为国家资本、集体资本、法人资本、个人资本、港澳台资本和外商资本等。

资产合计 指企业拥有或控制的能以货币计量的经济资源。包括各种财产、债权和其他权利。资产按其流动性划分为流动资产、长期投资、固定资产、无形及递延资产和其他资产。

（1）流动资产 指企业可以在一年内或者超过一年的一个生产周期内变现或耗用的资产合计。包括现金及各种存款、短期投资、应收及预付款项、存货等。

（2）固定资产 指企业固定资产净值、固定资产清理、在建工程、待处理固定资产损失所占用的资金合计。

（3）无形资产 指企业长期使用而没有实物形态的资产。包括专利权、非专利技术、商标权、著作权、土地使用权、商誉等。

负债合计 指企业承担的能以货币计量，将以资产或劳务偿付的债务。负债一般按偿还期长短分为流动负债和长期负债、递延税项等。

（1）流动负债 指企业在一年内或者超过一年的一个营业周期内需要偿还的债务合计，其中包括短期借款、应付及预收款项、应付工资、应交税金和应交利润等。

（2）长期负债 指企业在一年以上或者超过一年的一个营业周期以上需要偿还的债务合计，其中包括长期借款、应付债务、长期应付款项等。

所有者权益 指企业投资人对企业净资产的所有权。企业净资产等于企业全部资产减去全部负债后的余额，其中包括投资者对企业的最初投入，以及资本公积金、盈余公积金和未分配利润，对股份制企业即为股东权益。

固定资产原价 指企业在建造、购置、安装、改建、扩建、技术改造某项固定资产时所支出的全部货币总额。它一般包括买价、包装费、运杂费和安装费等。

固定资产净值 是指固定资产原价减去历年已提折旧额后的净额。

流动资产 是指可以在一年或者超过一年的一个营业周期内变现或者耗用的资产，包括现金及各种存款、短期投资、应收及预付货款、存货等。

主营业务收入 指企业销售产品和提供劳务等主要经营业务取得的收入总额。

主营业务成本 指企业销售产品和提供劳务等主要经营业务的实际成本。

主营业务税金及附加 指企业销售产品和提供工业性劳务等主要经营业务应负担的城市维护建设税、消费税、资源税和教育费附加。

主营业务利润 指企业销售产品和提供工业性劳务等主要经营业务收入扣除其成本、费用、税金后的利润。

利润总额 指企业实现的利润。

应交增值税 指企业在报告期内应交纳的增值税额。

能源购进量 根据企业生产、经营性质划分，购进量分两种情况，一种是能源经销企业（批发、零售企业）用于销售的能源购进数量，另一种是能源使用企业用于消费的能源购进数量，分别在不同表式中统计。

能源经销企业能源购进量，指能源经销企业在报告期内购入的、用于销售的各种一次能源和二次能源。能源经销企业能源购进量由能源经销企业（批发、零售企业）填报。

能源使用企业能源购进量，指能源使用单位在报告期内外购的、用于企业消费的各种一次能源和二次能源。能源使用企业能源购进量由能源使用企业填报。

购进量金额 指本单位在报告期实际购进的、已办理验收入库手续的各种一次能源和二次能源的金额。其金额以购货发票上的总金额（含增值税）计算，统计原则、范围与购进量相同。

能源消费量 指能源使用单位在报告期内实际消费的一次能源或二次能源的数量。

能源消费量统计的原则是：

（1）谁消费、谁统计。

（2）何时投入使用，何时计算消费量。

（3）消费量只能计算一次。

（4）耗能工质（如水、氧气、压缩空气等），不论是外购的还是自产自用的，均不统计在能源消费量中（计算单位产品能耗时除外）。

（5）企业自产的能源，凡作为企业生产另一种产品的原材料、燃料，又分别计算产量的，消费量要统计。

工业企业能源消费量 工业企业能源消费包括工业企业在生产过程中作为燃料、动力、原料、辅助材料使用的能源以及工艺用能、非生产用能；作为能源加工转换企业，还要包括能源加工转换的投入量.

工业生产能源消费 指工业企业为进行工业生产活动所使用的能源。

车辆用油 指在厂区内、外进行交通运输活动的车辆所消费的成品油。但是如果工业企业所属的车队是独立核算的企业，其消费的成品油既不能包括在“工业企业能源消费”中，亦不能包括在“车辆用油”中，它的消费应为交通运输业企业消费。

能源加工、转换消费 能源加工、转换是指为了特定的用途，将一种能源（一般为一次能源），经过一定的工艺，加工或转换成另外一种能源（二次能源）。

能源加工转换产出量 指各种能源经过加工转换后产出的各种二次能源产品（包括不作能源使用的其他副产品和联产品），比如火力发电产出的电力，热电联产同时产出的电力、蒸汽、热水，洗煤产出的洗精煤、洗中煤、煤泥等；炼焦产出的焦炭、焦炉煤气和其他焦化产品；炼油产出的汽油、煤油、柴油、燃料油、液化石油气、炼厂干气和其他石油制品（石脑油、各种原料油、溶剂油、石蜡、润滑油、石油沥青等）；制气产出的是焦炉煤气、其他煤气、焦炭和其他焦化产品（煤焦油、粗苯等）。

能源加工转换损失量 指在能源加工、转换过程中产生的各种损失量，即能源加工、转换过程中投入的能源数量和产出的能源数量之差。

能源用作原材料 指能源产品不作能源使用，即不作燃料、动力使用，而作为生产另外一种产品（非能源产品）的原料或作为辅助材料使用，作原料使用时通常构成这种产品的实体。

综合能源消费量 指报告期内企业实际消费的各种能源的总和。计算综合能源消费量时，需要先将使用的各种能源折算成标准燃料后再进行计算。

能源库存量 本制度中所涉及的能源库存量是指企业能源库存量，它是企业在报告期的某时间点所拥有的各种能源数量。根据企业的生产经营活动性质，企业库存量分为生产企业产成品库存、经销企业（批发、零售企业）用于经营销售的库存、使用企业用于消费的库存。

库存量的核算原则：（1）时点性原则；（2）实际数量原则。

工业取水总量 指工业企业从各种水源提取的，并用于工业生产活动的水量总和，包括自来水、地下水、地表水、海水、苦咸水、经城市污水处理厂处理后回用于工业的水量，以及企业从市场购得的其他水或水的产品（如纯净水、矿泉水、蒸汽、热水、地热水等）。工业取水总量包括主要工业生产用水、辅助生产（包括机修、运输、空压站等）用水和附属生产（包括厂内绿化、职工食堂、非营业的浴室及保健站、厕所等）用水；不包括非工业生产单位的用水，如厂内居民家庭用水和企业附属幼儿园、学校、对外营业的浴室、游泳池等的用水量。

（八）交通运输和邮电通讯业

CHAPTER 8 TRANSPORTATION, POST AND TELECOMMUNICATION SERVICES

表 8—1 铁路运输基本情况（南京市辖范围）

指　　标	2020 年	2019 年
车站（个）	28	28
货物发送量（万吨）	670.30	529.15
旅客发送量（万人次）	4542.40	7925.46

表 8—2 航空运输情况

指　　标	2020 年	2019 年
民用航空里程（公里）	181097	182781
# 国际航线（公里）	9074	18203
民用机场数（个）	1	1
飞机架数（架）	68	67
旅客吞吐量（万人）	1990.70	3058.20
货邮吞吐量（万吨）	38.92	37.46

注：货邮吞吐量中不含行李重量；民用航空里程按不重复距离计算。

表8—3　全社会客货运输（吞吐）量（2020年）

指　　标	客运量（万人）	旅客周转量（万人公里）	货运量（万吨）	货物周转量（万吨公里）	货物吞吐量（万吨）	集装箱吞吐量（万标箱）
全社会	11374.5	1781928.6	48100.3	37282019.0	25195.4	302.2
公路运输	6015.9	686926.5	23610.5	3263517.2		
水上运输	13.0	18.1	18739.6	33559760.0		
内河	13.0	18.1	3170.0	1602703.0		
海洋			15569.6	31957057.0		
港口					25156.5	302.2
铁路运输	4542.4		670.3			
民航运输	803.2	1094984.0	6.7	9260.0	38.9	
管道运输			5073.2	449481.8		

注：本表数据不含城市公共交通，管道运输包括输油管道运输和天然气管道运输；全社会货运量和货物周转量包含管道运输。2020年开始，铁路货运量统计口径调整为货物发送量，铁路客运量统计口径调整为旅客发送量，表中货物周转量合计中不包括铁路货运周转量，旅客周转量合计中不包括铁路客运周转量。

表 8—4　公路基本情况

计量单位：公里

指　　标	2020 年	2019 年
公路总里程	9796	10182
按等级分		
高速	587	614
一级	1218	1222
二级	1099	1090
三级	1791	1714
四级	5100	5542
按行政等级分		
国道	827	827
省道	759	742
县道	1984	1984
乡道	4048	4261
村道	2177	2367
按路面标准分		
高级	9796	10172
次高级		10
其他		

表 8—5　独立核算内河（沿海）港货物吞吐量

指　　标	2020 年	2019 年
货物吞吐量（万吨）	25157	26566
出口量	8479	9780
# 外贸	1512	1549
进口量（万吨）	16677	16568
# 外贸	1692	1762
箱数（万标箱）	302.20	330.54

表 8—6　民用车辆拥有量（2020 年）

计量单位：辆

指　　标	总　计	# 私　人
一、汽车	2799469	2160284
1、载客汽车	2624592	2134045
# 大型	21328	56
轿车	1791758	1502292
2、载货汽车	158490	23593
# 重型	65734	2245
中型	4253	535
# 栏板货车	42530	11762
3、其他汽车	16387	2646
二、摩托车	93866	88386
1、普通	84664	79259
2、轻便	9202	9127
三、拖拉机	5030	5030
1、大中型	1646	1646
2、小型方向盘式	3384	3384
四、挂车	20124	319

表 8—7 邮政电信基本情况（2020 年）

指　　标	2020 年	2019 年
邮电业务总量（亿元）	1278.92	603.68
# 邮政业务总量	219.89	203.45
邮电业务收入（亿元）	288.50	271.68
# 邮政业务收入	136.29	122.44
函件（万件）	2551.37	6370.55
# 国际函件	481.30	3797.24
包裹（万件）	19.06	20.45
# 国际包裹	1.18	1.23
快递（万份）	95109.86	88279.15
# 国际快递	852.48	939.76
固定电话年末用户 （万户）	171.90	181.91
互联网接入用户（万户）	1652.26	1645.94
#宽带用户	554.17	536.81
移动电话用户（万户）	1263.80	1307.86

注：邮电业务总量为 2010 年不变价计算，2013 年市邮政管理局成立，2014 年邮政业务总量、邮政业务收入等指标口径进行了调整，2014 年邮政业务总量、邮政业务收入由基本邮政业务调整为含快递业务。固定电话、互联网接入用户、宽带用户、移动电话用户数据由南京通信管理办提供。2020 年，中国移动对电信业务总量的指标口径进行了调整。

表8—8　城市公共交通情况

指　　标	2020年	2019年
一、公共汽电车		
1、运营车数（辆）	8747	8700
2、标准运营车数（标台）	10456	10550
3、运营线路长度（公里）	12405	12018
4、公交专用车道长度（公里）	272	260
5、客运总量（万人次）	54094	91518
二、出租汽车		
1、运营车辆（辆）	11848	12083
2、客运总量（万人次）	6490	11442
三、轨道交通		
1、运营车数（辆）	1736	1736
# 地铁	1636	1636
2、标准运营车数（标台）	4090	4090
3、运营线路长度（公里）	394	394
（1）地铁	378	378
（2）轻轨		
（3）有轨电车	17	17
4、客运总量（万人次）	80135	115730
四、客运轮渡		
1、运营船数（艘）	12	12
2、客运总量（万人次）	167	311

表 8—9　主要年份旅客和货物运输量、邮电业务总量

年　份	旅客运输量（万人）	#公路	货物运输量（万吨）	#公路	#水运	邮电业务总量（万元）
1990	4595	3211	9304	3756	3337	9339/19628
1995	10068	8765	12168	5666	4600	117843
2000	15294	13869	14102	7590	4275	515111
2005	20537	18660	18083	10530	6483	717821
2010	39104	36004	34225	17683	11292	1390704
2011	42289	39080	35737	19820	14090	1209088/1514472
2012	46255	42519	41999	22020	15090	1348100
2013	49407	45070	44052	23738	15556	1822877
2014	15269	10596	31798	12143	15056	2111700
2015	15929	10892	29824	12365	13322	2509169
2016	16301	10694	31558	13341	13812	3064151
2017	16418	10160	35462	14974	14840	3346646
2018	15882	9146	38564	15751	15955	4707215
2019	15902	8644	41034	16886	17061	6036800
2020	11375	6016	48100	23611	18740	12789234

注：邮电业务总量 1990 年以前为 1980 年不变价，1990 年以后为 1990 年不变价；1990 年当年有两个价格计算的数字。2010 年以后为 2010 年不变价计算。根据 2013 年交通部和国家统计局开展交通运输经济专项调查的规定，2014 年对公路客运及货运的统计口径进行了调整。

表 8—10　2000 年以来全社会客运周转量

计量单位：万人公里

年　份	全社会客运周转量	公路	铁路	水路	航空
2000	1708277	1235741	327987		144549
2005	2435204	1674203	476469		284532
2010	3297808	1810054	878250		609477
2011	3673170	1968500	995167	28	709475
2012	4143190	2143697	1163900	42	835551
2013	4533225	2274460	1318675	43	940046
2014	3772538	1238040	1474074	37	1060387
2015	4034210	1288416	1593946	38	1151810
2016	4374861	1264667	1742183	39	1367973
2017	4741501	1205101	1942605	41	1593754
2018	4907556	1124968	2084416	42	1698130
2019	5128826	1046558	2196974	43	1885251
2020	1781929	686927		18	1094984

注：2020 年全社会客运周转量不含铁路客运周转量数据。

表8—11　2000年以来全社会货物周转量

计量单位：万吨公里

年　份	全社会货运周转量	公路	铁路	水路	航空
2000	5258412	463779	922413	3804805	2982
2005	14553118	624339	1291702	12631259	5818
2010	34671721	1323342	842150	32220780	7759
2011	39473702	1522170	996431	36661051	8422
2012	46247288	1681131	978800	43296700	9057
2013	50804593	1865320	932925	47684350	9519
2014	54527587	1778491	86217	52367755	10324
2015	29400713	1821582	751322	26468374	9918
2016	24914558	1917038	688963	21853856	10947
2017	33315320	2197884	710810	30018242	11718
2018	31235666	2532622	734267	27553382	10558
2019	33983844	2748401	798148	29952859	10967
2020	37282019	3263517		33559760	9260

注：2020年全社会货运周转量不含铁路货运周转量数据。

主要统计指标解释

（一）铁路运输

铁路运输 指有固定的运行轨道，以铁路机车、客、货车辆为运输工具，承担旅客、货物运送任务的一种运输方式。具有全天候、大批量、长距离、成本低、高效率的现代化运输特点，是我国综合运输体系中，起骨干力量的重要运输方式。我国铁路运输是由国家铁路、地方铁路、合资铁路和铁路专用线及专用铁道组成，主要承担大宗货物中长距离运输和中长途旅客运输。

铁路旅客周转量 指一定时期内使用铁路客车运送的旅客人数与运输距离的乘积之和。计算公式为：

旅客周转量（人公里）=Σ（实际运送的每一乘客×该旅客出发站与到达站间距离）

=实际运送的旅客人数×旅客平均运程

铁路货物周转量 指一定时期内使用铁路货车完成的货物运量与运送距离的乘积之和。计算公式为：

货物周转量（吨公里）=Σ（每批货物重量×该批货物的运送距离）

=实际运送货物吨数×货物平均运程

（二）公路运输

公路运输 指以汽车为主在公路上运送旅客和货物的一种运输方式。具有线路网密度大、分布广、运输中转环节少等特点，适合承担短途旅客、货物运输及铁路、公路、航空港（站）的集散和接运任务。

公路里程 指在一定时期内实际达到《公路工程技术标准 JTG B01-2003》规定的技术等级的公路，并经公路主管部门正式验收交付使用的公路里程数。包括大、中城市的郊区公路，以及公路通过小城镇（指县城、集镇）街道的公路里程和公路桥梁长度、隧道长度、渡口的宽度以及分期修建的公路已验收交付使用的里程，不包括大中城市的街道、厂矿、林区生产用道和农业生产用道的里程。两条或多条公路共同经由同一路段，只计算一次，不得重复计算里程长度。按公路技术等级分为等级公路和等外公路，其中等级公路分为高速公路、一级公路、二级公路、三级公路和四级公路。

民用汽车拥有量 指报告期末，在公安交通管理部门按照《机动车注册登记工作规范》，已注册登记领有民用车辆牌照的全部汽车数量。汽车拥有量统计的主要分类：根据汽车结构分为载客汽车、载货汽车、其他汽车；根据汽车所有者不同分为个人（私人）汽车、单位汽车；根据汽车的使用性质分为营运汽车、非营运汽车；根据汽车大小规格不同，载客汽车分为大型、中型、小型和微型，载货汽车分为重型、中型、轻型和微型。

其他类型车 指除民用汽车、摩托车及拖拉机以外的其他民用机动车辆，如简易机动车、电瓶车等。

载货挂车 指自身没有动力，需依靠机动牵引车拖带的公路载货用挂车。

公路运输汽车 指在公路运输管理部门注册登记的从事公路运输的营业性及非营业性运输工具。

公路营运汽车拥有量 指报告期末公路运输管理部门注册登记的未办理报废、销、转出手续从事公路运输的营业性客货汽车数量。不包括出租汽车、公共汽车。

普通载货汽车 指具有一般构造的栏板式、平板式及厢式货运汽车，包括自卸车、半挂车、厢式车等。

专用载货汽车 指具有特殊构造及附属设备从事专门用途的货运汽车，包括集装箱车、大件运输车、商品汽车运输车、冷藏保温车、罐车和其他货车。

公路货运量 指一定时期内由各种公路运输工具实际运送到目的地并卸完的货物数量。反映公路货运量的指标有发送货物吨数、到达货物吨数和运送货物吨数。

公路货物周转量 指一定时期内由各种公路运输工具实际完成的货物运量与相应的运送距离的乘积之和。计算公式为：

货物周转量（吨公里）=Σ（每批货物重量×该批货物的运送距离）

公路客运量 指公路运输企业及由其组织的其他单位在一定时期内实际运送的旅客人数。公路客运量的计算方法：不论乘车路程远近和票价的多少，以客票为依据，“人”为计量单位；不足购票年龄的免票儿童不计算客运量。

公路旅客周转量 指一定时期内由各种公路运输工具实际运送的旅客人数与相应的运送距离的乘积之和。计算公式为：

旅客周转量（人公里）=Σ（实际运送的每一旅客×该旅客出发站与到达站间距离）

（三）水路运输

水路运输 指利用船舶、排筏和其他浮运工具，在江、河、湖泊、水库、人工水道和海上运送旅客和货物的一种运输方式。在水运运输中，远洋及江海水运干线具有成本低、运量大的特点，适合于大宗货物的运送；支流小河运输线星罗密布，深入小港小巷，沟通城乡货物运输和人员出入。

水路货运量 指在一定时期内由各种水运工具实际运送的货物数量，包括内河、江海、远洋货运量。

水路货物周转量 指一定时期内由各种水路运输工具实际完成的货物运量与相应的运送距离的乘积之和。

水路客运量 指水运企业及由其组织的其他单位在一定时期内实际运送的旅客人数。

水路旅客周转量 指水运企业和由其组织的其他单位在一定时期内实际运送的旅客人数与相应的运送距离的乘积之和。

（四）港口

港口 指位于江河湖海或水库沿岸，具有一定的设施和条件（如装卸机械、仓库堆场、码头泊位、客运设备等），供船舶停靠、旅客上下、货物装卸、生活物料供应或其他专门业务的地方。包括港内水域及紧接水域的陆地。按港口所处的水域分为海港、河港、湖港等；按港口是否对外国船舶开放分为对外开放港口和不对外开放港口。

港口货物吞吐量 指经由水路进、出港区范围，并经过装卸的货物数量。按货物流向分为进港吞吐量和出港吞吐量，按货物的贸易性质分为内贸和外贸吞吐量。按货物的类别分，可根据现行的交通行业标准《运输货物分类和代码》分类。

（五）民用航空运输

民用航空运输 指利用飞机和空中航线运送旅客和货邮的一种运输方式，具有速度快和不受地形限制的特点。航空运输成本高、运量小，适合对时间要求高的运输事务。

国际航线 指航线中任一航段的起讫点（技术经停点除外）在外国领土上的航线。

民用飞机期末架数 指报告期末实有的、持有有效适航证书的飞机数量。

民用航空客运量 指公共航空运输飞行所载运的旅客人数。成人和儿童各按一人计算，婴儿不计人数。每一特定航班的每一旅客只计算一次。唯一例外的是，乘坐定期航班既经过国内航段又经过国际航段的旅客，同时计算一个国内旅客和一个国际旅客。不定期航班运送的旅客每一特定航班（同一航班）只计算一次。

民用航空旅客周转量 反映旅客在空中实现位移的综合性生产指标，体现航空运输企业所完成的旅客运输工作量。计算单位为人公里（或称“客公里”）。计算公式为：

旅客周转量（人公里）=Σ（航段旅客运输量×航段距离）

民用航空货邮运量 指公共航空运输飞行所载运的货物、邮件重量。每一特定航班的货邮只计算一次。唯一例外的是，定期航班既经过国内航段又经过国际航段运输的货邮，同时各计算一次国内货邮和一次国际货邮。不定期航班运输的货物每一特定航班（同一航班）只计算一次。

民用航空货邮周转量 指一定时期内，公共航空运输单位实际运送的货物、邮件的重量与相应的货邮运输距离乘积之和。计算公式为：

货邮周转量（吨公里）=Σ（每批货邮重量×该批货邮运送距离）

民用航空总周转量 指反映旅客、货邮在空中运载工具的作用下发生位移的综合性指标，体现航空运输过程的生产效果。计算公式为：

民用航空总周转量=旅客周转量+邮件周转量+货物周转量

（六）管道运输

管道运输 指以管道输送的方式将原油、天然气、成品油、其他气体等输送到用户的一种运输形式。包括油气田企业直接通向炼油厂、化工厂、电站等用户及装车站、油码头的管道，炼油厂通向用户（包括商业石油公司油库）的成品油、气管道，管道运输企业通向用户及装车（站）栈桥、油码头的管道；不包括油气田、炼油厂内的集输管线和工艺管线，油气井口输送到集气站或经集气站到净化处理装置的管线。

输油（气）能力 指在油气产量及设备正常的条件下，在年度有效工作时间内，最大可能的输油（气）量。一般按设计能力填报，当实际条件发生很大变化时，则按上级批准的查定能力计算。在计算输油气管道的输送能力时，对于一条输油气管道的输送能力只能根据干线的输送能力来确定，可以不考虑干线与支线的能力平衡。在几条输油气管线连网时，该管网的输油气能力则应根据各输油气管网的运行情况由有关部门综合确定，而不是把各条管道的能力简单相加。

输油（气）量 指输油气管道实际输送的油气数量。计算一条管线的管输量指首站和各进油点的输出量之和。一个单位管几条输油气管线，在计算输油气量时，应分别列出每条管线的输油气量。天然气按一千立方米折一吨原油计算。

输油（气）周转量 指在一定时期内输油气管道输送油气数量与输送距离的乘积。计算公式为：

输油气周转量=输油气量×输油气里程-自用量×输油气里程

（七）城市公共交通

城市公共交通 指城市中供公众乘用的、经济方便的各种交通方式的总称。包括公共汽车、电车、轨道交通（地铁、轻轨、有轨电车、索道、缆车）、出租汽车、公共轮渡等客运交通设施。

运营线路总长度 指全部运营线路长度之和。计算公式为：

运营线路长度=Σ各条运营线路长度

=Σ〔1/2（上行起点至终点里程+下行起点至终点里程+上下行终点掉头里程）〕

单向行驶的环行线路长度等于起点至终点里程与终点下客站至起点里程之和的一半，不包括折返、试车、联络线等非运营线路。

公交专用车道 指为了调整公共交通车辆与其他社会车辆的路权使用分配关系，提高公共交通车辆运营速度和道路资源利用率，而科学、合理设置的公共交通优先车道、专用车道（路）、路口专用线（道）、专用街道、单向优先专用线（道）等。

运营车数 指城市中用于公共交通运营业务的全部车辆数。地铁和轻轨在统计时一自然节为一辆。出租汽车指已经领取出租汽车专用牌照的运营车辆，包括技术完好的、在修的、长期行驶的以及拟报废尚未经上级机关批准的车辆。

轮渡运营船数 指用于城市客渡运营业务的全部船舶数。不含旅游客轮（长途旅游，市内供游人游览江、河、湖泊的船只）。

城市公共交通客运总量 指报告期内城市公共交通各种运输方式运送乘客的总人次。

（八）邮电通信

邮电业务总量（又称通信业务总量） 指以价值量形式表现的邮电通信企业为社会提供各类邮电通信服务的总数量。邮电业务量按专业分类包括函件、包件、汇票、报刊发行、邮政快件、特快专递、邮政储蓄、集邮、传真、长途电话、出租电路、移动电话、分组交换数据通信、出租代维等。计算方法为各类产品乘以相应的平均单价（不变价）之和，再加上出租电路和设备、代用户维护电话交换机和线路等的服务收入。该指标综合反映了一定时期邮电业务发展的总成果，是研究邮电业务量构成和发展趋势的重要指标。计算公式为：

邮电业务总量=Σ（各类邮电业务量×不变单价）+出租代维及其他业务收入

=邮政业务总量+电信业务总量

移动电话用户 指通过移动电话交换机进入移动电话网、占用移动电话号码的电话用户。用户数量以报告期末在移动电话营业部门实际办理登记手续进入移动电话网的户数进行计算，一部移动电话统计为一户。

固定电话用户 指在电信运营企业营业网点办理开户登记手续并已接入固定电话网上的全部电话用户。包括普通电话用户、公用电话用户、窄带综合业务数字网（N—ISDN）用户、智能网专用接入终端用户等。按行政区划分为城市电话用户和农村电话用户。1997年以前，“市内电话用户”是指接入县城及县以上城市电话网的电话用户；“农村电话用户”是指接入县邮电局农话台及县以下农村电话交换点，以县城为中心（除市话用户外）联通县、乡（镇）、行政村、村民小组的用户。从1997年起，电话用户数分组调整为以用户所在区域划分为“城市电话用户”和“乡村电话用户”，与过去的按市内电话和农村电话划分方法不同。而电话用户总数、电话机总部数统计范围不变。

（九）
固定资产投资和建筑业

CHAPTER 9
INVESTMENT IN FIXED ASSETS AND CONSTRUCTION

表 9—1　全社会固定资产投资（2020 年）

计量单位：亿元

指　　标	2020 年	2020 年为上年%
全市投资总额	5418.23	106.6
按产业分		
第一产业	16.66	721.0
第二产业	889.41	110.8
# 工业	889.84	111.0
第三产业	4512.15	105.5
# 房地产开发投资	2631.40	105.2
按经济类型分		
国有经济	2352.52	97.4
非国有经济	3014.63	113.0
# 外资	562.83	113.4
私营、个体经济	1156.54	104.2

注：因国家固定资产投资方法制度改革，2018 年起数据按新制度执行，基期数同口径调整。

表 9—2　项目固定资产投资（2020 年）

计量单位：万元

指　　标	计　划 总投资	累计完成 投　　资
总　　计	177676097	74867315
一、按登记注册类型		
内资	160530660	67485224
国有	27948548	13476368
集体	86924	1880
股份合作	63450	58052
联营企业		
国有联营		
集体联营		
国有与集体联营		
其他联营		
有限责任公司	84624874	34722592
国有独资公司	35296043	15913617
其他有限责任公司	49328831	18808975
股份有限公司	4607084	2070305
私营	34496639	12265825
其他	8703141	4890202
港澳台商投资	9463543	4249937
合资经营	1530195	650933
合作经营	51151	2648
独资	7839349	3566935
股份有限	29248	15821
其他港澳台商投资企业	13600	13600
外商投资	7680894	3132154
合资经营	2766252	1344613
合作经营	3819	
独资	4905923	1787541
股份有限		
其他外商投资企业	4900	
个体经营	1000	
个体户	1000	
个人合伙		
二、按国民经济行业		
农、林、牧、渔业	891367	122131
采矿业		

表9—2　项目固定资产投资（2020年）（续表1）

计量单位：万元

指　　标	计　划 总投资	累计完成 投　　资
制造业	54492336	18869281
电力、燃气及水的生产和供应业	4967321	2221244
建筑业	22100	16025
批发和零售业	821155	448563
交通运输、仓储和邮政业	25935196	12940134
住宿和餐饮业	733448	448660
信息传输、计算机服务和软件业	6550604	2730781
金融业	80057	83764
房地产业	16977079	5397380
租赁和商务服务业	12193278	3803808
科学研究、技术服务和地质勘查业	12320789	5929230
水利、环境和公共设施管理业	27233669	14177821
居民服务和其他服务业	987796	464116
教育	4883717	2558219
卫生、社会保障和社会福利业	3326802	1214768
文化、体育和娱乐业	4281509	2961614
公共管理和社会组织	977874	479776
国际组织		
三、按隶属关系		
中央	6539587	3433256
省		
市		
区		
其他	106726436	40717733
四、按建设性质		
新建	132987023	51097382
扩建	22190900	11587285
改建	18674484	10342336

表9—2 项目固定资产投资（2020年）（续表2）

计量单位：万元

指　　标	计　划 总投资	累计完成 投　　资
单纯建造生活设施	302326	29213
迁建	2569724	1211109
恢复	65846	57200
单纯购置	880794	542790
五、按控股情况		
国有控股	96896764	46822666
集体控股	1610826	607783
私人控股	52244621	16339638
港澳台商控股	9051994	4075199
外商控股	5492506	2184531
六、按期末项目建设状态		
在建	157946396	59442520
全部投产	16914848	14547981
全部停缓建	2809853	876814
七、按投资规模		
100-500万元	15000	
500-1000万元	257245	
1000-3000万元	1179527	
3000-5000万元	1512360	147210
5000万元-1亿元	3827165	2430147
1亿元-5亿元	25897146	14557250
5亿元-10亿元	22682720	11156879
10亿元以上	122304934	46575829

表 9—2 项目固定资产投资（2020 年）（续表 3）

计量单位：万元

指　　标	本　年 完成投资	#住　宅	本年新增 固定资产
总　　计	27357493	1529249	11243252
一、按登记注册类型			
内资	24606920	1470339	10577020
国有	5206499	478228	2319710
集体	29962		
股份合作	3302		
联营企业			
国有联营			
集体联营			
国有与集体联营			
其他联营			
有限责任公司	11459313	378352	4228110
国有独资公司	4961704	59357	1145281
其他有限责任公司	6497609	318995	3082829
股份有限公司	825075	462	323044
私营	5358879	70502	1807845
其他	1723890	542795	1898311
港澳台商投资	1193780	18000	170218
合资经营	300726		56453
合作经营	302		16
独资	886573	18000	100149
股份有限	2279		
其他港澳台商投资企业	3900		13600
外商投资	1555793	40910	496014
合资经营	642722	39459	375456
合作经营	956		
独资	911591	1451	120558
股份有限			
其他外商投资企业	524		
个体经营	1000		
个体户	1000		
个体合伙			
二、按国民经济行业			
农、林、牧、渔业	188153		11589
采矿业			

表 9—2 项目固定资产投资（2020 年）（续表 4）

计量单位：万元

指 标	本年完成投资	#住 宅	本年新增固定资产
制造业	8244907	63587	2288424
电力、燃气及水的生产和供应业	1068597		305077
建筑业	10925		
批发和零售业	130890	10469	20978
交通运输、仓储和邮政业	3263787	895	598322
住宿和餐饮业	137863		54423
信息传输、计算机服务和软件业	1379303	38566	640664
金融业	20499		15428
房地产业	2185485	500782	1069767
租赁和商务服务业	1195110	329602	362844
科学研究、技术服务和地质勘查业	1407396	118572	926572
水利、环境和公共设施管理业	5563998	340641	3444286
居民服务和其他服务业	146638		38428
教育	1124118	43757	475490
卫生、社会保障和社会福利业	460651	19947	461121
文化、体育和娱乐业	569776	52087	360191
公共管理和社会组织	259397	10344	169648
国际组织			
三、按隶属关系			
中央	1153081	6545	709000
省			
市			
区			
其他	15545138	779314	5084092
四、按建设性质			
新建	18704671	1108667	7250674
扩建	3290057	338783	1781906
改建	4829082	81799	2038763

表 9—2　项目固定资产投资（2020 年）（续表 5）

计量单位：万元

指　　标	本　年 完成投资	#住　宅	本年新增 固定资产
单纯建造生活设施	29602		3952
迁建	282291		51015
恢复	17446		
单纯购置	204344		116942
五、按控股情况			
国有控股	16025534	717310	7462467
集体控股	259422	22000	53462
私人控股	6911013	190219	2050355
港澳台商控股	1055872	18000	152768
外商控股	1084078	1468	186791
六、按期末项目建设状态			
在建	21640266	1424945	1833534
全部投产	5525114	103409	9379373
全部停缓建	192113	895	30345
七、按投资规模			
100-500 万元	10416		
500-1000 万元	182268		
1000-3000 万元	739182		
3000-5000 万元	769388	120	70958
5000 万元-1 亿元	1601815	18925	983877
1 亿元-5 亿元	6787712	164307	3567001
5 亿元-10 亿元	4234958	298921	1659408
10 亿元以上	13031754	1046976	4962008

表 9—2　项目固定资产投资（2020 年）（续表 6）

计量单位：万元

指　　标	上年末结余资金	资金来源：本年资金来源：小　计	国家预算内资金	国内贷款	利用外资
总　计	818018	20965571	1945939	1827290	150444
一、按登记注册类型					
内资	568255	18716613	1945939	1683864	8670
国有	137104	3284636	288035	730393	
集体		1900			
股份合作		453			
联营企业					
国有联营					
集体联营					
国有与集体联营					
其他联营					
有限责任公司	349467	9590517	991017	649976	3560
国有独资公司	814	4524903	899366	81423	
其他有限责任公司	348653	5065614	91651	568553	3560
股份有限公司	8981	555468		165335	
私营	71816	3993461	5000	138160	5110
其他	887	1290178	661887		
港澳台商投资	37729	824725		136863	27266
合资经营	31343	227468		26131	
合作经营		303			
独资	6340	587519		110732	27266
股份有限	46	5534			
其他港澳台商投资		3901			
外商投资	212034	1424233		6563	114508
合资经营	78120	657829		5663	93563
合作经营					
独资	133914	766404		900	20945
股份有限					
其他外商投资企业					
个体经营					
个体户					
个人合伙					
二、按国民经济行业					
农、林、牧、渔业	7414	58746		2800	
采矿业					

表 9—2　项目固定资产投资（2020 年）（续表 7）

计量单位：万元

指　　标	资金来源				
	上年末结余资金	本年资金来源			
		小　计	国家预算内资金	国内贷款	利用外资
制造业	259352	6203155	65944	238150	142384
电力、燃气及水的生产和供应业	1086	863117		78263	
建筑业	100	3905			
批发和零售业	1740	114108		23028	
交通运输、仓储和邮政业	29167	2476276	835783	144378	2950
住宿和餐饮业	10	100473		7900	
信息传输、计算机服务和软件业	24167	1281875		119344	
金融业	50	21114		2964	
房地产业	46605	2069226	310	344249	
租赁和商务服务业	20850	1113537		35304	
科学研究、技术服务和地质勘查业	99485	1065657	20999	80650	5110
水利、环境和公共设施管理业	259023	3505445	755322	490271	
居民服务和其他服务业	178	133554	16946	22806	
教育	23388	874058	138631	54093	
卫生、社会保障和社会福利业	17530	387432	23215	5059	
文化、体育和娱乐业	219	487612	26100	126763	
公共管理和社会组织	27654	206281	62689	51268	
国际组织					
三、按隶属关系					
中央	72810	984716	20924	164394	
省					
市					
区					
其他	406976	11626344	157916	911056	150444
四、按建设性质					
新建	495794	14629602	1579891	1030384	45911
扩建	216919	2578632	268669	329395	2805
改建	35029	3364582	88581	442359	101723

表 9—2 项目固定资产投资（2020 年）（续表 8）

计量单位：万元

指标	资金来源				
	上年末结余资金	本年资金来源			
		小计	国家预算内资金	国内贷款	利用外资
单纯建造生活设施		26123		1300	
迁建	69776	241214		12842	5
恢复		13110		11010	
单纯购置	500	112308	8798		
五、按控股情况					
国有控股	435232	12678037	1908281	1383440	
集体控股	490	139730		3050	
私人控股	90144	5080809	6109	232074	10486
港澳台商控股	6441	735861		125363	27266
外商控股	134034	958411		8976	112692
六、按期末项目建设状态					
在建	784448	17327900	1642728	1488054	43487
全部投产	31970	3523120	303211	253835	106957
全部停缓建	1600	114551		85401	
七、按投资规模					
100-500 万元					
500-1000 万元					
1000-3000 万元					
3000-5000 万元	496	103438		9711	
5000 万元-1 亿元	20762	1137999	56398	92870	13465
1 亿元-5 亿元	302470	5401828	300464	447949	65651
5 亿元-10 亿元	134655	3508557	86048	461028	26831
10 亿元以上	359635	10813749	1503029	815732	44497

表 9—2　项目固定资产投资（2020 年）（续表 9）

计量单位：万元

指　　标	本年资金来源	
	自筹资金	其　他 资金来源
总　　计	14966584	2037399
一、按登记注册类型		
内资	13056514	1983711
国有	1655814	577489
集体		1900
股份合作		453
联营企业		
国有联营		
集体联营		
国有与集体联营		
其他联营		
有限责任公司	7230354	710600
国有独资公司	3328497	210607
其他有限责任公司	3901857	499993
股份有限公司	368094	22039
私营	3763871	81320
其他	38381	589910
港澳台商投资	624628	35968
合资经营	198258	3079
合作经营		303
独资	416935	32586
股份有限	5534	
其他港澳台商投资企业	3901	
外商投资	1285442	17720
合资经营	542603	16000
合作经营		
独资	742839	1720
股份有限		
其他外商投资企业		
个体经营		
个体户		
个人合伙		
二、按国民经济行业		
农、林、牧、渔业	51616	4330
采矿业		

表 9—2　项目固定资产投资（2020 年）（续表 10）

计量单位：万元

指　　标	本年资金来源	
	自筹资金	其　他 资金来源
制造业	5681499	75178
电力、燃气及水的生产和供应业	685399	94445
建筑业	3905	
批发和零售业	89463	1617
交通运输、仓储和邮政业	1233001	260164
住宿和餐饮业	92573	
信息传输、计算机服务和软件业	1150074	12457
金融业	18150	
房地产业	1684702	39965
租赁和商务服务业	695191	383042
科学研究、技术服务和地质勘查业	796960	161938
水利、环境和公共设施管理业	1581080	673772
居民服务和其他服务业	73963	19839
教育	586501	74928
卫生、社会保障和社会福利业	241582	115576
文化、体育和娱乐业	243614	85135
公共管理和社会组织	57311	35013
国际组织		
三、按隶属关系		
中央	785074	14324
省		
市		
区		
其他	9327739	1079189
四、按建设性质		
新建	10331223	1609288
扩建	1813357	164406
改建	2478181	253738

表9—2　项目固定资产投资（2020年）（续表11）

计量单位：万元

指　　标	本年资金来源	
	自筹资金	其　他 资金来源
单纯建造生活设施	24823	
迁建	223314	43
恢复		2100
单纯购置	95686	7824
五、按控股情况		
国有控股	8119491	1228910
集体控股	128817	7863
私人控股	4719842	112298
港澳台商控股	547567	35665
外商控股	834523	2220
六、按期末项目建设状态		
在建	12467889	1647827
全部投产	2471045	388072
全部停缓建	27650	1500
七、按投资规模		
100-500万元		
500-1000万元		
1000-3000万元		
3000-5000万元	80733	12994
5000万元-1亿元	875312	97954
1亿元-5亿元	4162247	389602
5亿元-10亿元	2608323	326327
10亿元以上	7239969	1210522

表 9—3　全社会工业投资（2020 年）

计量单位：万元

指　　标	计　划 总投资	累计完成 投　　资
总　　计	59459657	21090525
一、按登记注册类型		
内资	46110568	15226255
国有	2951236	1452079
集体		
股份合作		
联营企业		
国有联营		
集体联营		
国有与集体联营		
其他联营		
有限责任公司	22524257	5943820
国有独资公司	3780702	1504167
其他有限责任公司	18743555	4439653
股份有限公司	2250246	958798
私营	18250777	6769499
其他	134052	102059
港澳台商投资	6655216	3168972
合资经营	786310	252578
合作经营	51151	2648
独资	5817755	2913746
股份有限		
其他港澳台商投资		
外商投资	6692873	2695298
合资经营	2582214	1170239
合作经营	3819	
独资	4101940	1525059
股份有限		
其他外商投资企业	4900	
个体经营	1000	
个体户	1000	
个人合伙		

表 9—3　全社会工业投资（2020 年）（续表 1）

计量单位：万元

指　　标	计　划 总投资	累计完成 投　　资
二、按国民经济行业		
采矿业		
煤炭开采和洗选业		
石油和天然气开采业		
黑色金属矿采选业		
有色金属矿采选业		
非金属矿采选业		
开采辅助活动		
其他采矿业		
制造业	54492336	18869281
农副食品加工业	142018	85738
食品制造业	305710	153234
饮料制造业	17972	13400
烟草制品业	22129	17570
纺织业	14620	4650
纺织服装、鞋、帽制造业	107223	40444
皮革、毛皮、羽毛（绒）及其制品业	7441	5842
木材加工及木、竹、藤、棕、草制品业	19761	4895
家具制造业	63251	27470
造纸及纸制品业	49050	12575
印刷业和记录媒介的复制业	99832	43070
文教体育用品制造业	279486	49949
石油加工、炼焦及核燃料加工业	237968	139027
化学原料及化学制品制造业	1975287	1061446
医药制造业	3611145	1655940
化学纤维制造业	153002	91626
橡胶和塑料制品业	470174	92910

表9—3 全社会工业投资（2020年）（续表2）

计量单位：万元

指　　标	计　划 总投资	累计完成 投　资
非金属矿物制品业	1117583	348340
黑色金属冶炼及压延加工业	707025	363181
有色金属冶炼及压延加工业	203214	153580
金属制品业	791675	335093
通用设备制造业	3258224	1422052
专用设备制造业	3038808	1315706
汽车制造业	4364798	1977207
铁路船舶航空航天制造业	1596407	906347
电气机械及器材制造业	6942568	1779270
通信设备、计算机及其他电子设备制造业	22485730	5827774
仪器仪表及文化、办公用机械制造业	1711993	637529
工艺品及其他制造业	265700	144206
废弃资源和废旧材料回收加工业	154942	141662
金属制品、机械和设备修理业	277600	17548
电力、燃气及水的生产和供应业	4967321	2221244
电力、热力的生产和供应业	3341139	1332667
燃气生产和供应业	140167	64498
水的生产和供应业	1486015	824079
三、按隶属关系		
中央	1755005	1108447
省		
市		
区		
其他	50427170	16930176
四、按建设性质		
新建	34281430	8089841
扩建	10404183	5389318
改建	13194759	6766394

表 9—3　全社会工业投资（2020 年）（续表 3）

计量单位：万元

指　　标	计　划 总投资	累计完成 投　　资
单纯建造生活设施		
迁建	1344345	682262
恢复	1300	
单纯购置	228640	162710
五、按控股情况		
国有控股	12114041	5662034
集体控股	554068	230535
私人控股	31214680	8635883
港澳台商控股	6652610	3157342
外商控股	4581483	1835503
六、按期末项目建设状态		
在建	52636560	16006949
全部投产	5726208	4724873
全部停缓建	1091889	358703
七、按投资规模		
100-500 万元	11500	
500-1000 万元	126407	
1000-3000 万元	509177	
3000-5000 万元	591596	116466
5000 万元-1 亿元	1832420	1068221
1 亿元-5 亿元	11246574	5879351
5 亿元-10 亿元	7904931	3575574
10 亿以上	37237052	10450913

表 9—3　全社会工业投资（2020 年）（续表 4）

计量单位：万元

指　　标	本年完成投　　资	#住　宅	本年新增固定资产
总　　计	9313504	63587	2593501
一、按登记注册类型			
内资	7162372	43243	1996863
国有	645552	12464	223167
集体			
股份合作			
联营企业			
国有联营			
集体联营			
国有与集体联营			
其他联营			
有限责任公司	2623133	2572	743174
国有独资公司	720286		104881
其他有限责任公司	1902847	2572	638293
股份有限公司	447016	462	141815
私营	3405581	27745	875410
其他	41090		13297
港澳台商投资	791062	18000	121932
合资经营	174049		30720
合作经营	302		16
独资	616711	18000	91196
股份有限			
其他港澳台商投资企业			
外商投资	1359070	2344	474706
合资经营	552766	893	354948
合作经营	956		
独资	804824	1451	119758
股份有限			
其他外商投资企业	524		
个体经营	1000		
个体户	1000		
个人合伙			

表 9—3 全社会工业投资（2020 年）（续表 5）

计量单位：万元

指 标	本年完成投 资	#住 宅	本年新增固定资产
二、按国民经济行业			
采矿业			
煤炭开采和洗选业			
石油和天然气开采业			
黑色金属矿采选业			
有色金属矿采选业			
非金属矿采选业			
开采辅助活动			
其他采矿业			
制造业	8244907	63587	2288424
农副食品加工业	3083		1701
食品制造业	96576		52368
饮料制造业	5215		
烟草制品业	17664		17570
纺织业	9267		4650
纺织服装、鞋、帽制造业	29177		12565
皮革、毛皮、羽毛（绒）及其制品业	4837		
木材加工及木、竹、藤、棕、草制品业	9156		
家具制造业	13866		
造纸及纸制品业	4084	1000	1000
印刷业和记录媒介的复制业	28730		11611
文教体育用品制造业	29133		1437
石油加工、炼焦及核燃料加工业	130687		67037
化学原料及化学制品制造业	307675	2327	136927
医药制造业	783056	2521	118476
化学纤维制造业	59357	17	11364
橡胶塑料制品业	73105	644	8198

表 9—3　全社会工业投资（2020 年）（续表 6）

计量单位：万元

指　标	本年完成投　资	#住　宅	本年新增固定资产
非金属矿物制品业	219450	51	62680
黑色金属冶炼及压延加工业	201096		80371
有色金属冶炼及压延加工业	36988		
金属制品业	154427		53255
通用设备制造业	603816	1031	105897
专用设备制造业	602135	748	130886
汽车制造业	713608	11180	327868
铁路船舶航空航天制造业	353793		36917
电气机械及器材制造业	931643	3620	182069
通信设备、计算机及其他电子设备 制造业	2328725	39986	638817
仪器仪表及文化、办公用机械制造业	376659		147737
工艺品及其他制造业	49876		14516
废弃资源和废旧材料回收加工业	52819		62507
金属制品、机械和设备修理业	15204	462	
电力、燃气及水的生产和供应业	1068597		305077
电力、热力的生产和供应业	667223		38181
燃气生产和供应业	54216		31293
水的生产和供应业	347158		235603
三、按隶属关系			
中央	490543	462	239080
省			
市			
区			
其他	7319245	50661	1806230
四、按建设性质			
新建	4144952	54703	860342
扩建	1583127	5972	494165
改建	3357843	2912	1225503

表 9—3　全社会工业投资（2020 年）（续表 7）

计量单位：万元

指　标	本年完成投　资	#住　宅	本年新增固定资产
单纯建造生活设施			
迁建	194307		9915
恢复	1300		
单纯购置	31975		3576
五、按控股情况			
国有控股	2631865	13802	985033
集体控股	147382		47997
私人控股	4194921	30317	1030099
港澳台商控股	745064	18000	127715
外商控股	946885	1468	185991
六、按期末项目建设状态			
在建	6986628	51310	304309
全部投产	2270244	12277	2264047
全部停缓建	56632		25145
七、按投资规模			
100-500 万元	7804		
500-1000 万元	83728		
1000-3000 万元	288831		
3000-5000 万元	256949	120	63958
5000 万元-1 亿元	740132	2772	390781
1 亿元-5 亿元	3034418	25383	1297851
5 亿元-10 亿元	1443641	17312	479799
10 亿以上	3458001	18000	361112

表9—3 全社会工业投资（2020年）（续表8）

计量单位：万元

指标名称	上年末结余资金	本年资金来源合计			
		小计	国家预算内资金	国内贷款	利用外资
总计	260438	7066272	65944	316413	142384
一、按登记注册类型					
内资	62855	5334239	65944	296119	3510
国有	1282	538408		33019	
集体					
股份合作					
联营企业					
国有联营					
集体联营					
国有与集体联营					
其他联营					
有限责任公司	32042	2145433	33527	109591	3510
国有独资公司	82	696242		44025	
其他有限责任公司	31960	1449191	33527	65566	3510
股份有限公司	8981	244570		51510	
私营	20550	2373411		101999	
其他		32417	32417		
港澳台商投资	8704	496922		14631	27266
合资经营	4800	138631		14631	
合作经营		303			
独资	3904	357988			27266
股份有限					
其他港澳台商企业					
外商投资	188879	1235111		5663	111608
合资经营	78000	567944		5663	93563
合作经营					
独资	110879	667167			18045
股份有限					
其他外商投资企业					
个体经营					
个体户					
个人合伙					

表 9—3 全社会工业投资（2020 年）（续表 9）

计量单位：万元

指标名称	上年末结余资金	本年资金来源合计			
		小计	国家预算内资金	国内贷款	利用外资
二、按国民经济行业					
采矿业					
煤炭开采和洗选业					
石油和天然气开采业					
黑色金属矿采选业					
有色金属矿采选业					
非金属矿采选业					
开采辅助活动					
其他采矿业					
制造业	259352	6203155	65944	238150	142384
农副食品加工业		1200			
食品制造业	100	76372		200	
饮料制造业		2201			
烟草制品业		20800			
纺织业		4660			
纺织服装、鞋、帽制造业	202	17142			
皮革、毛皮、羽毛（绒）及其制品业		4837			
木材加工及木、竹、藤、棕、草制品业	100	5096		1000	
家具制造业		10942			
造纸及纸制品业		2220			
印刷业和记录媒介的复制业		3061			
文教体育用品制造业	68	25731			
石油加工、炼焦及核燃料加工业		95642		60274	
化学原料及化学制品制造业	267	155064		16186	
医药制造业	10327	645290		530	
化学纤维制造业		60074			
橡胶和塑料制品业		51132			

表9—3 全社会工业投资（2020年）（续表10）

计量单位：万元

指标名称	上年末结余资金	本年资金来源合计			
		小计	国家预算内资金	国内贷款	利用外资
非金属矿物制品业	1970	154493		2130	
黑色金属冶炼及压延加工业		26908			
有色金属冶炼及压延加工业	20	25030			
金属制品业	48654	111691			
通用设备制造业	4159	477395		11560	2755
专用设备制造业	80575	470762		16074	
汽车制造业	900	526331			7100
铁路、船舶航空航天制造业	346	327650	1725		
电气机械及器材制造业	2378	727408		8259	95792
通信设备、计算机及其他电子设备制品业	107159	1792037	32417	114585	34871
仪器仪表及文化、办公用机械制造业	708	271524		2281	1866
工艺品及其他制造业	1419	43880		5071	
废弃资源和废旧材料回收加工业		51377	31802		
金属制造品、机械和设备修理业		15205			
电力、燃气及水的生产和供应业	1086	863117		78263	
电力、热力的生产和供应业	5	609799		57342	
燃气生产和供应业	1081	51401		13740	
水的生产和供应业		201917		7181	
三、按隶属关系					
中央	2616	367248		133294	
省					
市					
区					
其他	246954	5393286	58455	156484	142384
四、按建设性质					
新建	31904	3395117	32417	136607	43011
扩建	158226	1221355		32867	2755
改建	20755	2256284	33527	141206	96613

表 9—3　全社会工业投资（2020 年）（续表 11）

计量单位：万元

指标名称	上年末结余资金	本年资金来源			
		小计	国家预算内资金	国内贷款	利用外资
单纯建造生活设施					
迁建	49053	168759		5733	5
恢复					
单纯购置	500	24757			
五、按控股情况					
国有控股	4611	2371469	56730	173849	
集体控股	490	69558		500	
私人控股	23142	2860225		109119	5376
港澳台商控股	3955	468629		14631	27266
外商控股	110879	828819		5633	109742
六、按期末项目建设状态					
在建	255788	5372726	26653	252326	40537
全部投产	3050	1670528	39291	64087	101847
全部停缓建	1600	23018			
七、按投资规模					
100-500 万元					
500-1000 万元					
1000-3000 万元					
3000-5000 万元	496	85835		9711	
5000 万元-1 亿元	7463	559351		60497	8355
1 亿元-5 亿元	135353	2334544	31315	72358	65601
5 亿元-10 亿元	85976	1239415	34629	37315	23931
10 亿以上	31150	2847127		136532	44497

表 9—3　全社会工业投资（2020 年）（续表 12）

计量单位：万元

指　标	本年资金来源	
	自筹资金	其他资金来源
总　计	6366898	169623
一、按登记注册类型		
内资	4815621	148035
国有	410004	95385
集体		
股份合作		
联营企业		
国有联营		
集体联营		
国有与集体联营		
其他联营		
有限责任公司	1975842	17953
国有独资公司	647207	
其他有限责任公司	1328635	17953
股份有限公司	193050	10
私营	2236725	34687
其他		
港澳台商投资	451157	3868
合资经营	120921	3079
合作经营		303
独资	330236	486
股份有限		
其他港澳台商投资企业		
外商投资	1100120	17720
合资经营	452718	16000
合作经营		
独资	647402	1720
股份有限		
其他外商投资企业		
个体经营		
个体户		
个人合伙		

表 9—3　全社会工业投资（2020 年）（续表 13）

计量单位：万元

指　　标	本年资金来源	
	自筹资金	其他资金来源
二、按国民经济行业		
采矿业		
煤炭开采和洗选业		
石油和天然气开采业		
黑色金属矿采选业		
有色金属矿采选业		
非金属矿采选业		
开采辅助活动		
其他采矿业		
制造业	5681499	75178
农副食品加工业	1200	
食品制造业	76172	
饮料制造业	2201	
烟草制品业	20800	
纺织业	4660	
纺织服装、鞋、帽制造业	16342	800
皮革、毛皮、羽毛（绒）及其制品业	4837	
木材加工及木、竹、藤、棕、草制品业	4096	
家具制造业	10942	
造纸及纸制品业	2220	
印刷业和记录媒介的复制业	3061	
文教体育用品制造业	25731	
石油加工、炼焦及核燃料加工业	35048	320
化学原料及化学制品制造业	138878	
医药制造业	641725	3035
化学纤维制造业	60074	
橡胶和塑料制品业	51132	

表9—3　全社会工业投资（2020年）（续表14）

计量单位：万元

指　标	本年资金来源	
	自筹资金	其他资金来源
非金属矿物制品业	138361	14002
黑色金属冶炼及压延加工业	26908	
有色金属冶炼及压延加工业	25030	
金属制品业	111681	10
通用设备制造业	454376	8704
专用设备制造业	449182	5506
汽车制造业	503713	15518
船舶航空航天制造业	324615	1310
电气机械及器材制造业	619302	4055
通信设备、计算机及其他电子设备	1591915	18249
仪器仪表及文化、办公用机械制造业	263778	3599
工艺品及其他制造业	38739	70
废弃资源和废旧材料回收加工业	19575	
金属制品、机械和设备修理业	15205	
电力、燃气及水的生产和供应业	685399	94445
电力、热力的生产和供应业	544002	3445
燃气生产和供应业	37661	
水的生产和供应业	103736	91000
三、按隶属关系		
中央	233954	
省		
市		
区		
其他	4957706	78257
四、按建设性质		
新建	3082384	100698
扩建	1123287	62446
改建	1978502	6436

表 9—3　全社会工业投资（2020 年）（续表 15）

计量单位：万元

指　标	本年资金来源	
	自筹资金	其他资金来源
单纯建造生活设施		
迁建	157968	43
恢复		
单纯购置	24757	
五、按控股情况		
国有控股	2037529	98351
集体控股	63548	5510
私人控股	2702945	42785
港澳台商控股	423167	3565
外商控股	711224	2220
六、按期末项目建设状态		
在建	4987530	60670
全部投产	1357850	107453
全部停缓建	21518	1500
七、按投资规模		
100 万元以下		
100-500 万元		
500-1000 万元		
1000-3000 万元		
3000-5000 万元	71631	4493
5000 万元-1 亿元	478230	12269
1 亿元-5 亿元	2140480	19780
5 亿元-10 亿元	1016538	127002
10 亿以上	2660019	6079

表9—4 房地产开发投资、资金和土地情况（2020年）

计量单位：万元

项 目	合计	内资				
		内资小计	国有	集体	股份合作	国有联营
计划总投资	191057425	167651257	3542880		700000	
累计完成投资	109130181	95165592	1479435		67668	
本年完成投资额	26313994	23435292	329049		67668	
建筑工程	9959235	8911841	166741		27242	
安装工程	705147	651673	17383			
设备工器具购置	252705	237249	9274			
其它费用	15396907	13634529	135651		40426	
#土地购置费	13876727	12272241	131600		40426	
住宅	18627212	16967974	232879		67668	
其中：90平方米及以下	4471054	4181070	94216		17456	
144平方米以上	4085342	3353791	86700		42212	
别墅、高档公寓						
办公楼	1367422	1084095	9406			
商业营业用房	2418582	2001601	6510			
其他	3900778	3381622	80254			
本年新增固定资产	11435141	10499020	589561		43	

表9—4 房地产开发投资、资金和土地情况（2020年）（续表3）

计量单位：万元

项 目	小计	港澳台商投资		
		与港澳台商合资经营	港澳台商独资	港澳台商股份
计划总投资	18512006	13369859	249162	4892985
累计完成投资	10047294	6924869	73711	3048714
本年完成投资额	2126495	1698517	41711	386267
建筑工程	772336	593659	16880	161797
安装工程	43250	30160		13090
设备工器具购置	12270	9674	31	2565
其它费用	1298639	1065024	24800	208815
#土地购置费	1175588	962897	24800	187891
住宅	1025262	848615	25416	151231
其中：90平方米及以下	254526	201966		52560
144平方米以上	279271	229440	25416	24415
别墅、高档公寓				
办公楼	267698	175826		91872
商业营业用房	393629	311635	16295	65699
其他	439906	362441		77465
本年新增固定资产	692733	656453		36280

表9—4 房地产开发投资、资金和土地情况（2020年）（续表4）

计量单位：万元

项 目	小 计	外商投资			
		中外合资经营	中外合作经营	外资企业	外商投资股份有限公司
计划总投资	4894162	1975300	902599	1857956	
累计完成投资	3917295	1669891	537155	1395154	
本年完成投资额	752207	82269	159250	465451	
建筑工程	275058	66574	74852	94463	
安装工程	10224	10224			
设备工器具购置	3186	3186			
其它费用	463739	2285	84398	370988	
#土地购置费	428898		84398	344500	
住宅	633976	53242	112789	423165	
其中：90平方米及以下	35458	2251		526	
144平方米以上	452280	19562	6059	414560	
别墅、高档公寓					
办公楼	15629			15472	
商业营业用房	23352	16024	500	6628	
其他	79250	13003	45961	20186	
本年新增固定资产	243388	66	114822	128500	

表 9—4　房地产开发投资、资金和土地情况（2020 年）（续表 5）

计量单位：万元

项　目	合　计	内　　资				
		内资小计	国　有	集　体	股份合作	国有联营
本年资金来源合计	59441797	52617782	567186		42473	
1.上年末结余资金	13544803	12283121	158687		2473	
2.本年资金来源小计	45896994	40334661	408499		40000	
（1）国内贷款	9092436	8025745	65374		40000	
其中：银行贷款	7407401	6657710	65374		40000	
非银行金融机构贷款	1685035	1368035				
（2）利用外资	113700					
其中：外商直接投资						
（3）自筹资金	12181647	10640725	137600			
其中：自有资金						
（4）其他资金来源	1039314	963430	39721			
其中：定金及预收款	16560529	14370594	133858			
个人按揭贷款	6909368	6334167	31946			
本年各项应付款合计	11246905	10458308	176690		343024	
其中：工程款	4442251	4003282	134845			

表9—4　房地产开发投资、资金和土地情况（2020年）（续表6）

计量单位：万元

项　目	内资					
	国有集体联营企业	其他联营企业	有限责任公司	国有独资公司	其他有限责任公司	股份有限公司
本年资金来源合计				2627840	33679885	2326846
1.上年末结余资金				666740	9016965	555580
2.本年资金来源小计				1961100	24662920	1771266
（1）国内贷款				432061	3713711	520937
其中：银行贷款				311536	3337111	377227
非银行金融机构贷款				120525	376600	143710
（2）利用外资						
其中：外商直接投资						
（3）自筹资金				265626	7036023	784304
其中：自有资金						
（4）其他资金来源				4444	545652	45500
其中：定金及预收款				720991	9036920	269095
个人按揭贷款				537978	4330614	151430
本年各项应付款合计				430557	6404867	353500
其中：工程款				202441	2080718	43476

表9—4 房地产开发投资、资金和土地情况（2020年）（续表7）

计量单位：万元

项 目	内资					
	私营企业小计	私营独资企业	私营合伙企业	私营有限责任公司	私营股份有限公司	其他企业
本年资金来源合计	13373552	288915		12749911	334726	
1.上年末结余资金	1882676			1881676	1000	
2.本年资金来源小计	11490876	288915		10868235	333726	
（1）国内贷款	3253662	100000		2943662	210000	
其中：银行贷款	2526462			2316462	210000	
非银行金融机构贷款	727200	100000		627200		
（2）利用外资						
其中：外商直接投资						
（3）自筹资金	2417172	188915		2221257	7000	
其中：自有资金						
（4）其他资金来源	328113			328113		
其中：定金及预收款	4209730			4093004	116726	
个人按揭贷款	1282199			1282199		
本年各项应付款合计	2749670	174		2737882	11614	
其中：工程款	1541802	174		1537014	4614	

表9—4 房地产开发投资、资金和土地情况（2020年）（续表8）

计量单位：万元

项目	小计	港澳台商投资		
		与港澳台商合资经营	港澳台商独资	港澳台商股份
本年资金来源合计	5146092	3616214	1280716	
1.上年末结余资金	874407	435526	326160	
2.本年资金来源小计	4271685	3180688	954556	
（1）国内贷款	944261	930761	13500	
其中：银行贷款	634261	620761	13500	
非银行金融机构贷款	310000	310000		
（2）利用外资	113700	111620	2080	
其中：外商直接投资				
（3）自筹资金	1530253	778177	727176	
其中：自有资金				
（4）其他资金来源	75884	6000	69884	
其中：定金及预收款	1095275	930723	88690	
个人按揭贷款	512312	423407	53226	
本年各项应付款合计	649495	560862	88633	
其中：工程款	301394	252655	48739	

表 9—4 房地产开发投资、资金和土地情况（2020 年）（续表 9）

计量单位：万元

项 目	小 计	外商投资			
		中外合资经营	中外合作经营	外资企业	外商投资股份有限公司
本年资金来源合计	1677923	161212	376958	1040970	
1.上年末结余资金	387275	43235	114029	213756	
2.本年资金来源小计	1290648	117977	262929	827214	
（1）国内贷款	122430	15000		107430	
其中：银行贷款	115430	8000		107430	
非银行金融机构贷款	7000	7000			
（2）利用外资					
其中：外商直接投资					
（3）自筹资金	10669	9850		819	
其中：自有资金					
（4）其他资金来源					
其中：定金及预收款	1094660	70034	232963	709135	
个人按揭贷款	62889	23093	29966	9830	
本年各项应付款合计	139102	30786	48100	60216	
其中：工程款	137575	30786	48100	58689	

表9—5 房地产开发施工、竣工和销售按用途分组（2020年）

项目	计量单位	合计数	住宅	其中		
				90平方米及以下	144平方米以上	别墅、高档公寓
房屋施工面积	平方米	86639926	55746947	17129156	9660830	
其中：新开工面积	平方米	21148970	13889391	3178267	1994686	
房屋竣工面积	平方米	14484197	10049013	4042566	1761451	
其中：不可销售面积	平方米	1231152	433669	388392	8137	
商品住宅竣工套数	套		93793	52047	7699	
竣工房屋价值	万元	9212919	6679380	1736146	2000735	
出租房屋面积	平方米	142133				
商品房销售面积	平方米	13246720	12138139	2197060	2155273	
其中：现房销售面积	平方米	3471899	3083725	596593	519499	
期房销售面积	平方米	9774821	9054414	1600467	1635774	
商品房销售额	万元	32694980	30557181	4177973	7689332	
其中：现房销售额	万元	7367024	6780669	830160	1455899	
期房销售额	万元	25327956	23776512	3347813	6233433	
商品住宅销售套数	套		105853	26860	11150	
其中：现房销售套数	套		27175	7350	2845	
期房销售套数	套		78678	19510	8305	

表 9—5　房地产开发施工、竣工和销售按用途分组（2020 年）（续表）

项　目	计量单位	办公楼	商业营业用房	其他
房屋施工面积	平方米	6564050	9723929	14605000
其中：新开工面积	平方米	1001142	2468792	3789645
房屋竣工面积	平方米	697208	1812745	1925231
其中：不可销售面积	平方米	19999	186789	590695
竣工房屋价值	万元	662974	1033231	837334
出租房屋面积	平方米	36943	105190	
商品房销售面积	平方米	387271	426577	294733
其中：现房销售面积	平方米	107089	160924	120161
期房销售面积	平方米	280182	265653	174572
商品房销售额	万元	696029	985342	456428
其中：现房销售额	万元	185871	290554	109930
期房销售额	万元	510158	694788	346498

表 9—6 房地产企业财务状况（2020 年）

项目	计量单位	合计	内资				
			内资小计	国有	集体	股份合作	国有联营
企业个数	个	655	581	29		1	2
流动资产合计	千元	1707199626	149181409	63818042		4165898	6989160
其中：存货		926772056	839794329	48352230		3927735	5255675
固定资产原价	千元	23111364	14361192	763498		436	595
累计折旧	千元	4385695	3159357	30933		26	252
其中：本年折旧		853093	556134	13650		26	179
资产总计	千元	1919083646	165058215	66775353		4166308	6993220
负债合计	千元	1451920488	127189088	54347714		4082040	6478822
所有者权益合计	千元	467163158	378691307	12427639		84268	514398
营业收入	千元	238232007	212622104	4704473		462	
营业成本	千元	186100432	167875739	3658738		462	
营业税金及附加	千元	9968365	8166017	199656		2162	7002
营业利润	千元	31191909	27481354	458233		-7290	-94667
其他业务利润	千元	111116	58731	724			
投资收益	千元	3899284	3037385	-23420			
补贴收入	千元						
营业外收入	千元	451535	416668	7674			183
营业外支出	千元	1030369	886991	1707		8	
利润总额	千元	30533409	26948202	454996		-7298	-94484
应交所得税	千元	8344782	7321135	143929			-3590
应付职工薪酬（本年贷方累计发生数）	千元	4943400	3908367	166078			16097

表 9—6 房地产企业财务状况（2020 年）（续表 1）

项 目	计量单位	内资					
		国有与集体联营企业	其他联营企业	有限责任公司	国有独资公司	其他有限责任公司	股份有限公司
企业个数	个				21	252	15
流动资产合计	千元				128672510	794572583	64623637
其中：存货					61067918	457250871	38419909
固定资产原价	千元				921111	2309034	712976
累计折旧	千元				125754	694154	373800
其中：本年折旧					58302	101175	37923
资产总计	千元				157206613	854528976	73130839
负债合计	千元				103371032	645745308	59243887
所有者权益合计	千元				53835581	208783668	13886952
营业收入	千元				13052064	133352028	3906100
营业成本	千元				10240536	104447636	3095688
营业税金及附加	千元				594795	5423779	160471
营业利润	千元				1542472	20805816	107687
其他业务利润	千元				-2123	27785	
投资收益	千元				382292	918345	204065
补贴收入	千元						
营业外收入	千元				10899	215865	58548
营业外支出	千元				41225	533422	203966
利润总额	千元				1512146	20459414	-37731
应交所得税	千元				505404	5202180	106017
应付职工薪酬（本年贷方累计发生数）	千元				225565	1914227	172474

表9—6 房地产企业财务状况（2020年）（续表2）

项目	计量单位	内资					
		私营企业小计	私营独资企业	私营合伙企业	私营有限责任公司	私营股份有限公司	其他企业
企业个数	个	256	3	1	252	4	1
流动资产合计	千元	414023522	1094552	3001224	403152196	10871326	1001941
其中：存货		212269005	1047495	2743339	202981925	9287080	32672
固定资产原价	千元	9653310	143		9652870	440	89
累计折旧	千元	1934343	10		1934181	162	85
其中：本年折旧		344863	9		344785	78	7
资产总计	千元	472680998	1109664	3001224	461808735	10872263	1002000
负债合计	千元	386834892	8304096	2987093	377182564	9652328	495994
所有者权益合计	千元	85846106	2792558	14131	84626171	1219935	506006
营业收入	千元	57600558	1018		57600558		5401
营业成本	千元	46434646	1018		46434646		-2985
营业税金及附加	千元	1772801	3453	1632	1770857	1944	266
营业利润	千元	4757312	-89451	-5871	4806887	-49575	7113
其他业务利润	千元	32345			32345		
投资收益	千元	1556103			1556103		
补贴收入	千元						
营业外收入	千元	123527		1	123477	50	-29
营业外支出	千元	106663			106525	138	
利润总额	千元	4749396	-89451	-5870	4799059	-49663	7084
应交所得税	千元	1365425			1365425		1770
应付职工薪酬（本年贷方累计发生数）	千元	1393443	18647	1433	1387468	5975	403

表 9—6　房地产企业财务状况（2020 年）（续表 3）

项　目	计量单位	小 计	港澳台商投资		
			与港澳台商合资经营	港澳台商独资经营	港澳台商投资股份
企业个数	个	60	33	24	2
流动资产合计	千元	166242526	75626239	84289174	2954216
其中：存货		62429970	42973351	16949003	1302817
固定资产原价	千元	5499528	2800792	2689453	9208
累计折旧	千元	844585	226922	611228	6418
其中：本年折旧		139117	57994	80026	1087
资产总计	千元	214259546	90905112	115381735	4449853
负债合计	千元	139596261	52755626	82276551	1987524
所有者权益合计	千元	74663285	38149486	33105184	2462329
营业收入	千元	19297506	12292817	6018999	981726
营业成本	千元	14939588	10697122	3738857	503609
营业税金及附加	千元	582758	175599	310391	95193
营业利润	千元	2497366	1102785	1076584	344731
其他业务利润	千元	-1411	3065	-4476	
投资收益	千元	852785	871727	-18942	
补贴收入	千元				
营业外收入	千元	32122	14318	17610	194
营业外支出	千元	133974	66737	57681	9486
利润总额	千元	2395514	1050366	1036513	335439
应交所得税	千元	676881	206781	383123	86977
应付职工薪酬（本年贷方累计发生数）	千元	825565	412184	303820	103320

表 9—6 房地产企业财务状况（2020 年）（续表 4）

项 目	计量单位	小 计	外商投资			
			中外合资经营	中外合作经营	外资企业	外商投资股份有限公司
企业个数	个	14	5	2	7	
流动资产合计	千元	4914301	17588075	10592721	20962225	
其中：存货		2454777	5234589	3169408	16143760	
固定资产原价	千元	3250644	234755	443010	2572879	
累计折旧	千元	381753	83220	21539	276994	
其中：本年折旧		157842	14087	19646	124109	
资产总计	千元	5424195	18872067	11032584	24337264	
负债合计	千元	4043339	16536919	5770416	18126014	
所有者权益合计	千元	1380856	2335148	5262168	6211250	
营业收入	千元	6312397	2948390	1505654	1858353	
营业成本	千元	3285105	1282264	1136692	866149	
营业税金及附加	千元	1219590	843176	55287	321127	
营业利润	千元	1213189	556596	269598	386995	
其他业务利润	千元	53796	60849	-7053		
投资收益	千元	9114	13734		-4620	
补贴收入	千元					
营业外收入	千元	2745	387	280	2078	
营业外支出	千元	9404	2962	1394	5048	
利润总额	千元	1189693	537185	268483	384025	
应交所得税	千元	346766	142238	97379	107149	
应付职工薪酬（本年贷方累计发生数）	千元	209468	61242	27156	121070	

表 9—7　建筑业企业基本情况（2020 年）

（总承包、专业承包）

指标名称	计量单位	合　计
企业个数	个	1883
建筑业总产值	万元	45331543
固定资产原价	万元	3858874
#本年折旧	万元	334349
资产合计	万元	51605430
负债合计	万元	36288583
实收资本	万元	7269357
营业收入	万元	43913027
# 主营业务收入	万元	43693934
营业成本	万元	40780054
# 主营业务成本	万元	40290387
营业税金及附加	万元	189149
# 主营业务税金及附加	万元	173877
销售费用	万元	116542
管理费用	万元	1301716
财务费用	万元	314231
利润总额	万元	1397514
应付职工薪酬（本年贷方累计发生额）	万元	5029340

表9—8　建筑业企业生产情况（2020年）

（总承包及专业承包）

指　　标	2020年	2019年	2020年为上年%
建筑合同额（万元）	96247507	91055895	106.0
上年结转建筑合同额	46949757	45919325	102.0
本年新签建筑合同额	49297751	45136570	109.0
建筑业总产值（万元）	45331543	42359544	107.0
建筑工程产值	39960628	37667428	106.0
安装工程产值	4173172	3620652	115.0
其他产值	1197744	1071464	112.0
竣工产值（万元）	26521223	27027225	98.0
房屋施工面积（万平方米）	27695	27479	101.0
房屋竣工面积（万平方米）	5818	6640	88.0
#住宅	3964	5016	79.0
建筑业全员劳动生产率（元/人）	381812	377528	101.0

表9—9　按行业分建筑业企业生产情况（2020年）

（总承包及专业承包）

指　　标	房屋建筑业	土木工程建筑业
企业个数（个）	695	484
建筑合同额（万元）	55371303	22129333
上年结转建筑合同额	29278223	11001987
本年新签建筑合同额	26093080	11127346
建筑业总产值（万元）	23943884	10680223
建筑工程产值	22952979	10143843
安装工程产值	565219	333681
其他产值	425686	202699
竣工产值（万元）	15675873	5086067
房屋施工面积（万平方米）	25392	1172
房屋竣工面积（万平方米）	5610	115
#住宅	3866	62
全员劳动生产率（元/人）	346720	494226

表9—9　按行业分建筑业企业生产情况（2020年）（续表）

（总承包及专业承包）

指　　标	建筑安装业	建筑装饰和其他建筑业
企业个数（个）	312	392
建筑合同额（万元）	12861580	5885291
上年结转建筑合同额	4463382	2206164
本年新签建筑合同额	8398198	3679126
建筑业总产值（万元）	6806942	3900496
建筑工程产值	3263247	3600559
安装工程产值	3054677	219595
其他产值	489018	80341
竣工产值（万元）	3627262	2132021
房屋施工面积（万平方米）	1077	55
房屋竣工面积（万平方米）	62	30
#住宅	17	18
全员劳动生产率（元/人）	406363	344923

表 9—10　按经济类型分建筑业企业生产情况（2020 年）

（总承包及专业承包）

指　　标	总　　计	国有经济	集体经济	其他经济
企业个数（个）	1883	85	26	1772
建筑合同额（万元）	96247507	49546929	1537107	45163471
上年结转建筑合同额	46949757	24542698	637896	21769163
本年新签建筑合同额	49297751	25004231	899211	23394308
建筑业总产值（万元）	45331543	17755019	907570	26668954
建筑工程产值	39960628	15966489	142810	23851329
安装工程产值	4173172	1717374	304795	2151003
其他产值	1197744	71157	459966	666621
竣工产值（万元）	26521223	8175694	629109	17716420
房屋施工面积（万平方米）	27695	12590	5	15100
房屋竣工面积（万平方米）	5818	2121	5	3692
#住宅	3964	1529	3	2432
全员劳动生产率（元/人）	381812	499877	346401	330927

表 9—11 建筑业企业财务情况（2020 年）

（总承包及专业承包）

计量单位：万元

指　　标	总　　计	国有经济	集体经济	其他经济
资产合计	51605430	19205579	2553393	29846457
流动资产合计	43945507	15796260	2324407	25824840
# 存　货	7808357	2115350	266274	5426733
固定资产原价	3858874	1359996	121644	2377234
累计折旧	1904193	702067	53709	1148417
# 本年折旧	334349	159904	6231	168213
负债合计	36288583	15215081	2079299	18994203
所有者权益合计	15316986	3990499	474094	10852393
营业收入	43913027	19049324	1167866	23694286
# 主营业务收入	43693934	18957471	1133497	23601415
营业成本	40780054	17852532	1037508	21889165
# 主营业务成本	40290387	17665126	999509	21624903
营业税金及附加	189149	58284	3138	127708
#主营业务税金及附加	173877	55568	2018	116638
销售费用	116542	34843	2976	78723
管理费用	1301716	411121	49955	840645
财务费用	314231	90736	-5453	228951
利润总额	1397514	584675	88563	723582
应付职工薪酬（本年贷方累计发生额）	5029340	1531559	68116	3429665

表 9—12　主要年份全社会固定资产投资完成额

计量单位：亿元

年　　份	全社会固定资产投资完成额		
		#城镇固定资产投资	#房地产开发投资
1949	0.02	0.02	
1952	0.26	0.26	
1957	1.18	1.18	
1962	0.76	0.76	
1965	1.44	1.44	
1970	1.53	1.53	
1975	2.96	2.96	
1978	6.63	6.35	
1979	7.01	6.86	
1980	7.82	7.56	
1985	27.65	24.28	
1990	42.65	36.80	
1991	49.71	40.91	2.58
1995	233.86	133.63	59.45
1997	351.66	223.79	72.89
1998	376.60	217.96	101.06
1999	373.01	211.94	97.91
2000	412.20	241.95	99.34
2004	1201.88	703.92	292.88
2005	1402.72	820.30	296.14
2008	2154.17	1226.16	508.17
2009	2668.03	1572.08	595.68
2010	3306.05	2029.87	754.76
2011	4010.03	2563.86	896.73
2012	4683.45	3122.05	1015.76
2013	5265.55	4620.72	1120.18
2014	5460.03		1125.49
2015	5484.47		1429.02.
2016	5533.56		1845.60
2017	4212.66		2170.21
2018	4718.05		2354.17
2019	5082.77		2501.26
2020	5418.23		2631.40

注：1、国家固定资产投资方法制度改革，2018 年数据按新制度执行。2017 年数同口径调整。

2、城镇固定资产投资包括以前年度基本建设、更新改造、城镇集体和其他投资，2005 年起不再细分。

表 9—13　2000 年以来固定资产投资情况

计量单位：亿元

年　份	全社会固定资产投资额	第一产业	第二产业	#工业投资	第三产业	#房地产开发投资
2000	412.20	3.44	110.09	108.42	298.67	99.34
2001	464.91	5.30	169.27	158.55	290.34	111.00
2002	602.95	1.42	236.97	240.00	364.56	137.63
2003	954.05	3.75	357.71	356.06	592.59	183.80
2004	1201.88	5.83	481.50	458.54	714.55	292.88
2005	1402.72	4.78	586.43	582.04	811.51	296.14
2006	1613.55	6.90	738.12	732.63	868.53	351.17
2007	1867.96	10.81	936.79	930.42	920.36	445.97
2008	2154.17	12.43	1088.93	1081.09	1052.81	508.17
2009	2668.03	12.24	1311.31	1300.40	1344.48	595.68
2010	3306.05	21.21	1618.41	1601.31	1666.43	754.76
2011	4010.03	29.31	2041.43	2000.22	1939.29	896.73
2012	4683.45	23.59	2414.95	2400.93	2244.91	1015.76
2013	5265.55	23.55	2518.53	2509.40	2723.47	1120.18
2014	5460.03	34.87	2180.71	2152.36	3244.45	1125.49
2015	5484.47	36.95	2093.03	2071.66	3354.49	1429.02
2016	5533.56	40.78	1784.22	1761.65	3708.57	1845.60
2017	4312.66	2.16	699.84	684.94	3600.33	2170.21
2018	4718.05	1.67	774.02	745.90	3942.36	2354.17
2019	5082.77	2.31	802.51	801.66	4277.95	2501.26
2020	5418.23	16.66	889.41	889.84	4512.15	2631.40

注：因国家固定资产投资方法制度改革，2018 年数据按新制度执行，2017 年数据同口径调整。

表 9—14　2000 年以来房屋竣工面积与商品房销售情况

年　份	房屋竣工面积（万平方米）	商品房销售面积（万平方米）	商品房销售额（亿元）
2000	383.11	222.23	62.11
2001	402.76	281.60	81.85
2002	434.59	382.05	111.66
2003	392.82	444.48	139.90
2004	644.45	607.96	213.73
2005	646.09	943.81	384.37
2006	807.46	1010.50	452.41
2007	682.97	1137.88	603.51
2008	1062.26	703.55	359.46
2009	1516.28	1186.94	852.81
2010	1039.57	823.17	787.38
2011	1169.09	767.70	714.72
2012	1699.73	950.87	960.98
2013	1039.39	1222.01	1404.75
2014	967.40	1207.58	1352.20
2015	1449.10	1543.16	1772.89
2016	1241.33	1558.18	2766.35
2017	1077.49	1429.61	2237.74
2018	1245.44	1224.20	2404.09
2019	1582.34	1320.65	2510.15
2020	1448.42	1324.67	3269.50

（1）以建设项目或单项工程建成后的年产能力表示，如煤炭开采、石油开采等。

（2）以建设项目或单项工程建成后处理原料的能力表示，如选矿工程的年处理矿石能力、洗煤厂年洗原煤能力等。

（3）以新增的主要设备数量或容量表示，如棉纺锭锭数、发电机组容量等。

（4）以建筑物容积、容量、面积或长度表示，如水库容量、铁路公路里程等。

新增生产能力的数量一般按设计能力计算。设计能力是指设计文件中规定的在正常情况下能够达到的生产能力，而不论投产后的实际产量如何。以设备数量、建筑物容积、面积、长度等表示的新增生产能力或工程效益，则按建成的实际数量计算。

房屋建筑面积 指从房屋外墙线算起的各层平面面积的总和，包括可供使用的有效面积和房屋结构（如柱、墙）占用的面积。多层建筑按各层（包括地下室）面积总和计算。

住宅建筑面积 指施工和竣工房屋建筑面积中供居住用的施工和竣工房屋建筑面积。

施工面积 指报告期内施工的全部房屋建筑面积。包括本期新开工的面积、上期跨入本期继续施工的房屋面积、上期停缓建在本期恢复施工的房屋面积、本期竣工的房屋面积及本期施工后又停缓建的房屋面积。

竣工面积 指在报告期内房屋建筑按照设计要求已全部完工，达到住人和使用条件，经验收鉴定合格，正式移交使用单位的建筑面积。

房屋建筑面积竣工率 指一定时期内房屋竣工面积占同期房屋施工面积的比率。它是从房屋建筑施工速度的角度反映投资效果和建筑业经济效益的指标。

新增固定资产 指通过投资活动所形成的新的固定资产价值，包括已经建成投入生产或交付使用的工程价值和达到固定资产标准的设备、工具、器具的价值及有关应摊入的费用。它是以价值形式表示的固定资产投资成果的综合性指标，可以综合反映不同时期、不同部门、不同地区的固定资产投资成果。

建设项目投产率 指一定时期内全部建成投入生产项目个数与同期正式施工项目个数的比率。它是从项目建设速度的角度反映投资效果的指标。

建设周期 是指报告期（年）所有正式施工项目全部建成平均需要的时间。它是从宏观角度反映建设速度的指标。建设周期的计算方法有两种。

（1）按建设项目计算：建设周期=报告期正式施工项目个数/报告期全部建成投产项目个数。

（2）按投资额计算：建设周期=报告期正式施工项目计划总投资之和/报告期正式施工项目完成投资之和。

建筑业统计单位 指从事房屋、构筑物建造、装饰装修、设备安装活动和工程准备、提供施工设备服务等其他建筑活动的法人企业。建筑业法人企业应同时具备的条件是：①依法成立，有自己的名称、组织机构和场所，能够承担民事责任；②独立拥有和使用资产，承担负债，有权与其他单位签订合同；③独立核算盈亏，能够编制资产负债表。

建筑业总产值（即自行完成施工产值） 是以货币表现的建筑业企业在一定时期内生产的建筑业产品和服务的总和。建筑业总产值包括：

（1）建筑工程产值：指列入建筑工程预算内的各种工程价值。

（2）安装工程产值：指设备安装工程价值，不包括被安装设备本身价值。

（3）其他产值：指建筑业总产值中除建筑工程、安装工程以外的产值。包括房屋、构筑物修理所完成的产值（不包括被修理的房屋、构筑物本身的价值）、非标准设备制造产值、总包企业向分包企业收取的管理费和不能明确划分的施工活动所完成的产值。

建筑业增加值 指建筑业企业在报告期内以货币表现的建筑业生产经营活动的最终成果。目前建筑业增加值采用分配法（收入法）计算，即从收入的角度出发，根据生产要素在生产过程中应得的收入份额计算。具体计算公式为：

建筑业增加值=本年提取的固定资产折旧+本年应付工资总额+本年应付福利费总额+管理费用中的劳动待业保险费、税金+工程结算税金及附加+营业利润

房屋建筑施工面积 指在报告期内施过工的全部房屋建筑面积，包括本期新开工的房屋面积、上期跨入本期继续施工的房屋面积、上期停缓建在本期恢复施工的房屋面积、本期竣工的房屋面积及本期施工后又停缓建的房屋面积。

房屋建筑竣工面积 指在报告期内房屋建筑按照设计要求全部完工，达到了住人和使用条件，经检查验收鉴定合格的房屋建筑面积。

自有机械设备年末总台数 指归本企业（或单位）所有，属于本企业（或单位）固定资产的生产性机械设备年末总台数。包括施工机械、生产设备、运输设备以及其他设备。

自有机械设备年末总功率 指本企业（或单位）自有施工机械、生产设备、运输设备以及其他设备等列为固定资产的生产性机械设备年末总功率，按设定能力或查定能力计算。包括机械本身的动力和为该机械服务的单独动力设备，如电动机等。计算单位用千瓦，动力换算可按 1 马力＝0.735 千瓦折合成千瓦数。电焊机、变压器、锅炉不计算动力。

工程结算收入 指企业承包工程实现的工程价款结算收入，以及向发包单位收取的除工程价款以外按规定列作营业收入的各种款项，如临时设施费、劳动保险费、施工机械调迁费等以及向发包单位收取的各种索赔款。

工程结算利润 指已结算工程实现的利润，如亏损以“－”号表示。

中国统计出版社有限公司最新图书简目

(仅供参考,以实际出版为准)

统计资料

中国统计年鉴　中国统计摘要　中国第三产业统计年鉴
中国第三次全国农业普查综合资料　国际统计年鉴　金砖国家联合统计手册
中国-东盟国家统计手册　中国农村统计年鉴　中国县域统计年鉴
中国农产品价格调查年鉴　中国城市统计年鉴　中国价格统计年鉴
中国贸易外经统计年鉴　中国零售和餐饮连锁企业统计年鉴　中国商品交易市场统计年鉴
大中型批发零售和住宿餐饮企业统计年鉴　中国住户调查年鉴　中国工业统计年鉴
中国环境统计年鉴　中国能源统计年鉴　中国建筑业统计年鉴
中国房地产统计年鉴　中国投资领域统计年鉴　长江经济带发展统计年鉴
中国人口和就业统计年鉴　中国劳动统计年鉴　中国社会统计年鉴
中国科技统计年鉴　中国高技术产业统计年鉴　全国企业创新调查年鉴
中国文化及相关产业统计年鉴　中国妇女儿童状况统计资料　中国青年发展状况统计年鉴
中国基本单位统计年鉴　中国教育统计年鉴　中国教育经费统计年鉴
中国民族统计年鉴　中国残疾人事业统计年鉴　中国电力统计年鉴

省级综合统计年鉴系列

北京 天津 河北 山西 内蒙古 辽宁 吉林 黑龙江 上海 江苏 浙江 安徽 福建 江西 山东 河南 湖北 湖南
广东 广西 海南 重庆 四川 贵州 云南 西藏 陕西 甘肃 青海 宁夏 新疆 新疆生产建设兵团

市(县)级综合统计年鉴系列

滨海新区 石家庄 唐山 邯郸 邢台 保定 承德 沧州 衡水 太原 大同 晋城 晋中 长治 忻州 朔州 临汾 运城
阳泉 吕梁 呼和浩特 包头 鄂尔多斯 赤峰 大连 长春 四平 延吉 延边 哈尔滨 齐齐哈尔 黑龙江垦区 浦东新区
南京 无锡 徐州 常州 苏州 南通 淮安 盐城 扬州 镇江 宿迁 江阴 丹阳 海门 张家港 通州 如东 杭州 宁波
绍兴 台州 温州 金华 嘉兴 湖州 丽水 舟山 合肥 安庆 福州 厦门 漳州 宁德 龙岩 莆田 泉州 三明 南平 思明
南昌 上饶 抚州 赣州 九江 景德镇 宁都 济南 青岛 枣庄 潍坊 聊城 郑州 洛阳 三门峡 南阳 商丘 平顶山
信阳 济源 武汉 宜昌 十堰 荆州 荆门 咸宁 黄冈 长沙 广州 东莞 惠州 深圳 汕尾 珠海 南宁 桂林 柳州
防城港 贵港 梧州 玉林 钦州 海口 三亚 儋州 成都 贵阳 毕节 黔南 昆明 文山 德宏 西安 安康 延安 汉中
渭南 商洛 榆林 银川 兰州 庆阳 乌鲁木齐

调查年鉴系列

天津 内蒙古 上海 河南 湖北 湖南 广西 重庆 四川 云南 甘肃 宁夏 南宁 桂林 贵港 昆明

统计方法应用/实用手册

Python数据分析基础（第二版）　非参数统计（第五版）　现代金融投资统计分析（第四版）
国民经济核算初级教程（第二版）　国民经济核算教程（第五版）　概率统计基础
全国统计专业技术资格考试系列考试用书：统计业务知识（第四版修订版）　统计业务知识学习指导与习题
全国统计专业技术资格考试系列考试用书：统计相关知识（第四版）　统计相关知识学习指导与习题

统计通俗读物/统计科普图书

领导干部统计知识问答（第二版）　统计公文写作及会议办理实用手册　大数据在统计工作中的应用案例汇编
中国国民经济核算知识问答（修订版）　地区生产总值核算国际比较研究　新中国统计制度方法的发展与改革

重点图书

第七次全国人口普查年鉴　第四次全国经济普查地图集　中国经济普查年鉴2018
新编英汉汉英统计大词典　中国国民经济核算体系2016　国民经济行业分类注释
挑大学选专业2020—考研择校指南　挑大学选专业2020—高考志愿填报指南　中华医学统计百科全书

发行部电话：（010）63376907　63376908　63376909　同椙行书店电话：（010）68783171　68783172
地址：北京市丰台区西三环南路甲6号　邮政编码：100073　网址：http://www.zgtjcbs.com